나는 20대에
연봉 1억을 받는다

나는 20대에
연봉 1억을 받는다

초판 1쇄 발행   2025년 4월 22일

지은이   정이레
발행인   곽철식

편 집   김나연
디자인   박영정
마케팅   박미애
펴낸곳   다온북스
인쇄   영신사

출판등록   2011년 8월 18일 제311-2011-44호
주소   경기도 고양시 덕양구 향동동391 향동dmc플렉스데시앙 ka1504호
전화   02-332-4972   팩스   02-332-4872
전자우편   daonb@naver.com

ISBN   979-11-93035-63-4 (03300)

- 이 책은 저작권법에 따라 보호받는 저작물이므로 무단 전재와 무단 복제를 금하며,
  이 책의 내용의 전부 또는 일부를 사용하려면 반드시 저작권자와 다온북스의 서면 동의를 받아야 합니다.
- 잘못되거나 파손된 책은 구입한 서점에서 교환해 드립니다.

- 다온북스는 독자 여러분의 아이디어와 원고 투고를 기다리고 있습니다.
  책으로 만들고자 하는 기획이나 원고가 있다면, 언제든 다온북스의 문을 두드려 주세요.

내 몸값을 높이고
자기 가치를 극대화하는
6가지 시크릿 스킬

나는 20대에 연봉 1억을 받는다

정이레 지음

다온북스

개정판을 내며

**20대 연봉 1억,
더 이상 특별하지 않다.**

2021년, 《나는 20대에 연봉 1억을 받는다》라는 제목으로 이 책을 처음 세상에 내놓았다. 당시만 해도 '연봉 1억'이라는 숫자는 20대에게 가능성과 도전의 상징이었다. 책을 읽은 많은 독자들이 내게 연락해, 이 책이 자신에게 새로운 도전의 계기가 되었다고 말해주었다. 하지만 2025년의 지금, 우리는 과거와 완전히 다른 시대를 살고 있다. 연봉 1억은 더 이상 특별한 목표가 아니다. 다양한 플랫폼과 창의적인 경로를 통해 이미 억대 연봉을 넘는 MZ, 잘파세대들이 많아졌고, 그것이 더 이상 불가능한 일이 아니라는 점은 여러 사례로 증명되고 있다.

이제 우리가 주목해야 할 것은 단순히 높은 연봉이라는 숫자가 아니다. 중요한 것은 그 숫자에 담긴 가치와 성장을 이루는 자신만의 과정이다. 빠르게 변화하는 시대 속에서 진정한 성공은 지속 가능한 성과를 만들어 내는 능력에 달려 있다. 연봉 1억 이상의 성취를 넘어, 자신의 가치를 어떻게 정의하고 성장의 방향성에 대한 이야기가 필요한 때다.

요즘 세상은 그야말로 빠르게 변화하고 있다. 인공지능, 생성형 AI, 빅데이터와 같은 기술 혁신이 끊임없이 새로움을 만들어 내고, 동시에 경쟁의 속도를 높이고 있다. 안정적이라고 여겨졌던 직업들은 하루아침에 위기를 맞기도 하고, 기존의 방식으로는 더 이상 앞서 나가기 어려운 세상이 됐다. 이런 변화 속에서 20대, 아니 지금 이 책을 읽고 있는 당신이 도전해야 하는 이유는 간단하다. 도전하지 않으면, 멈춰 있으면, 어느새 세상에서 뒤처지고 말기 때문이다.

이번 개정판에서는 이런 변화의 흐름에 맞춰 새로운 데이터를 추가했고, 스타트업을 운영하면서 직접 경험한 세일즈의 중요성을 더했다. 영업은 단순히 물건을 파는 일이 아니다. 그것은 관계를 만들고, 신뢰를 쌓고, 자신의 가치를 증명하는 강력한 도구다. 30대인 지금 사업의 현장에서 세일즈가 단순한 기술을 넘어 삶의 중요한 능력이라는 걸 매 순간 체감하고 있다.

우리는 기술 혁명과 불확실성 속에서 도전하지 않으면 살아남기 힘든 시대를 살고 있다. 연봉 1억이라는 목표는 이제 단순히 돈의 문제가 아니다. 이 책을 통해 남이 만들어준 틀 안에 안주하지 않고, 스스로 가치를 정하고 삶을 설계하며 증명해 나가는 것이야말로 진정한 도전과 가치라는 것을 전하고 싶다.

언제나 그렇듯 위기 속에 기회는 있다. 남들과 다른 도전이 결국 더 많은 기회를 만들어 내는 법이다. 도전할 용기가 필요하다면, 이 책이 당신에게 그 첫걸음을 내딛는 데 조금이나마 도움이 되었으면 한다.

그 가능성을 입증해 보일 최적의 시간은 바로 지금이 아닐까.

프롤로그

생각을 현실로 이루는
20대는 무엇이 다를까?

"너는 꿈이 뭐야?"

내가 친구 Y에게 물었다.

"안정적인 직장에서 장기적으로 일하는 거지 뭐…."

다른 친구 J는 푸념 섞인 말투로 이렇게 말했다.

"나, 점점 아줌마가 되고 있는 것 같아. 하고 싶은 게 있는데 선뜻 그걸 하기가 쉽지 않아. 같이 일하는 저 과장처럼 되긴 싫은데 나도 모르는 사이에 어쩔 수 없이 그 길을 따라가고 있는 것 같아. 당장이라도 그만두고, 하고 싶은 걸 하고 싶은데 그게 쉽지 않네."

세일즈 일을 시작하기 전에 취업을 준비하는 친구 Y와 외국계 기업에서 일하고 있는 대학 친구 J와 나눈 짧은 대화였다. 대화를 나누고 있자니 여간 답답하고 속상한 게 아니었다. 비단 대화 속 두 사람만 이렇게 살아가는 게 아니라 우리 주변에서 흔히 볼 수 있는 익숙한 모습이 아닐까?

늘 안정적인 직장을 원한다는 청춘들에게 물어보고 싶었다. 무엇이 안정적인 삶인지! 누구나 안정적인 삶을 원한다. 탄탄하고, 비전 있는 기업에서 잘리지 않고, 노후 준비가 될 때까지 급여를 따박따박 받으며 사는 것이 안정적인 삶일까? 사실 이러한 조건이라면 그리 나쁘지 않다. 그러나 그 일이 내가 원하는 일, 즐길 수 있는 일이 아니라면 이야기는 달라진다. 이를 깨물며 버텨야만 하는 일이라면 다만 외적 조건이 좋을 뿐이지 안정적인 삶이라고 할 수 없다. 이 부분을 이 글을 읽는 모두가 한번 생각해 봤으면 좋겠다. 내게 안정적인 삶이 무엇인지.

나는 25살, 대학교 졸업 직후 필드 영업을 시작했다. 실적이 중요한 이 분야는 겉보기에 안정적이지 않다. 그러면 내게 안정적인 삶이란 무엇일까. 다른 누군가 이미 만들어 놓은 안정적인 환경에 들어가는 것이 아니라 나 스스로 안정감을 느낄 수 있는 환경을 만들어 놓고, 그 환경 안에 살아가는 모습이 안정적인 삶이 아닐까. 주체적으로 내 삶을 만들어 갈 수 있다면 그리고 그 삶을 지킬 수 있는 능력을 기른다면 그보다 안정적인 삶은 없다고 생각한다.

나 역시도 한때 사람들의 생각에 의문을 품지 않았다. 10대 때는 좋은 대학에 들어가고, 20대는 대기업이라는 좋은 직장에 들어가고, 30대는 좋은 조건을 가진 사람과 결혼을 잘해야 하고, 40대는 좋은 대학에 들어가 좋은 기업에 취직한 자식 농사를 잘 지어야 하고, 50대는 성공한 자식들과 행복한 노후를 꿈꾸는 그런 삶을.

그 삶이 마치 정답인 것처럼 인식하고 있었다. 그렇게 하지 못하면 실패자가 된다는 암묵적인 사회적 인식에 대한 두려움이 있었다. 그러나 대학 졸업 후 취업을 준비하면서, 또 취업을 준비하는 친구나 선배들 그리고 이미 취업을 한 선배들의 모습 속에서 점차 그 생각에 대한 의심이 들기 시작했다. 그렇게 사는 게 과연 행복할까. 그렇지 않을 것 같다는 생각이 들었다.

그래서 세일즈를 선택했다고? 크게 관련이 없어 보이지만 실은 그렇다. 좋은 직장에 들어가 40대에 은퇴해서 그제야 자영업을 준비하느니, 지금 비즈니스를 할 수 있는 세일즈 역량과 자본 그리고 매니지먼트 능력을 준비한다면, 20년은 시간을 낭비하지 않을 것이라는 생각이 들었다. 그래서 세일즈를 선택했다.

세일즈를 하면서 또한 자기계발도 할 수 있었다. 그리고 내 가치를 계속 향상시켰다. 그 결과 커뮤니케이션 스킬을 향상시킬 뿐 아니라 대중 앞에서 스피치 하는 법, 목표를 설정하고 성취하는 법, 시간을 관리하는 법, 재정을 관리하는 법 등 많은 것을 잘할 수 있게 되었다. 그 방법에 대한 자세한 이야기도 차차 할 것이다.

　나는 20대가 세일즈라는 영역에 좀 더 과감히 도전하길 바라고 있다. 그 이유는 무엇보다 자기 한계에 도전할 수 있는 좋은 채널이라 생각하기 때문이다. 세일즈를 하면서 자신의 한계라 여기는 구간에 종종 도달할 것이며, 거절도 맛보고, 실패도 경험할 것이다. 실패를 통해 자신의 한계를 마주하고 인정하고, 다시 이겨내 보려고 도전하고 성취하는 과정에서 역량이 발휘된다. 그리고 그게 곧 자신의 실력과 능력으로 연결된다.

　내가 생각하는 20대는 많은 시행착오를 거쳐야 한다고 생각한다. 많은 것을 탐색하고 도전해 보고, 자신이 잘하는 것이 무엇인지, 자신의 약점이 무엇인지, 반대로 강점은 무엇인지 자기 스스로에 대한 탐색과 탐문이 끊임없이 필요하다. 무엇보다 자기가 어떤 사람인지 알아야 한다. 자기를 알려면 자신의 속을 들여다봐야 한다. 과감하게 자신의 한계에 부딪혀 보는 것이다.

　나이가 들면 상처를 회복하는 능력도, 무엇인가를 도전할 만한 자신감도 상대적으로 떨어지기 마련이다. 그러므로 20대에 자신이 원하는 것에 도전하는 것이 역량을 극대화할 수 있는 가장 좋은 시기다. 그래서 지금 도전하는 것이 중요하다. 실패하면 어떤가, 다시 무엇인가를 쌓을 수 있을 만한 시간과 능력이 있지 않은가.

이 책은 세일즈를 기반으로 20대에 꼭 필요한 역량을 계발할 수 있는 방법들과 팁과 노하우가 담겨 있다. 세일즈? 나와 상관없는 이야기라고? 그렇지 않다. 세일즈에 대해 배우는 것은 실제 필드에서 영업하는 사람뿐 아니라 그렇지 않은 사람들에게도 여러 면에서 유익할 것이다. 왜냐하면 인생은 세일즈이기 때문이다. 만약 청춘이 세일즈를 할 줄 안다면 인생에 큰 도움이 될 것이다. 세일즈는 커뮤니케이션이며 나를 판매하는 것이기 때문이다. 세일즈를 제대로 배우기만 한다면 거절과 실패에 대한 두려움을 극복할 수 있을 뿐 아니라 커뮤니케이션 스킬을 증대시키고 여러 유형의 사람들을 응대하며 건강한 관계를 형성하는 기술 또한 얻게 될 것이다. 특히나 자기 자신을 PR하는 능력을 기르면서 자존감 형성과 동시에 다가올 시대에 나의 몸값 또한 높일 수 있다.

나 역시 시작은 초라했지만 일련의 과정을 통해 내적인 성장과 함께 20대가 버는 평균 연봉 이상, 소위 말하는 1억 연봉을 받을 수 있게 되었다. 그리고 계속해서 꿈을 꾸며 새로운 목표에 도전하며 살고 있다.

꿈을 꾸기보다 포기하는 것이 점점 더 많아지는 것이 오늘날 청년들의 모습이다. 나 역시 한때 그랬다. 하지만 이제는 어떻게 하면 생각을 현실로 이룰 수 있는지 그 방법을 안다. 내가 알고 있는 것을 함께 공유하며 포기보다 꿈을 위해 오늘을 사는 청년들이 많아지기를 기대한다. 도전하고 실패하고 성취하여 꿈을 이룬 멋진 청년들이 대한민국에 많아지기를 진심으로 바란다.

목차

개정판을 열며

프롤로그   생각을 현실로 이루는 20대는 무엇이 다를까?

1장 [세일즈의 기술] 나는 20대에 연봉 1억을 받는다

20대, 세일즈를 해야 하는 진짜 이유 • 19

세일즈, 오해와 진실 • 26

잘나가는 세일즈맨은 무엇이 다를까? • 32

목적을 달성했다면 적절한 보상은 필수다 • 39

문제를 기회로 전환하는 상위 1%의 생각 • 45

UP & DOWN, 흔들리지 않는 비즈니스의 비밀 • 51

비즈니스, 영업부터 시작하라 • 60

2장 [돈 관리의 기술] 스스로 금수저가 되어라

당신의 통장 잔고는 얼마입니까? • 67

부자는 사고의 출발점부터 다르다 • 73

돈에 대한 관점을 180도 바꿔라 • 81

내 몸값을 두 배로 높이는 방법 • 86

당신이 부자가 되지 못하는 진짜 이유 • 91

부자들은 돈보다 운을 번다 • 97

3장 [시간 관리의 기술] 하고 싶은 건 다 할 수 있다

당신만 항상 시간이 없다 • 105

시간 관리의 적들 • 109

목표를 설정하고 시작하라 • 114

선택과 집중, 우선순위의 힘 • 121

상위 1퍼센트만 알고 있는 시간 관리의 비밀 • 126

시간 관리로 진짜 원하는 것을 하라 • 133

나를 성장하게 하는 휴식의 기술 • 139

시간은 당신의 인생이다 • 146

4장 [스피치의 기술] 말하기에도 기술이 있다

말 잘하는 사람으로 사는 세상, 이보다 편할 수 없다 • 153

스피치, 준비가 8할이다 • 157

내용보다 중요한 이것! • 164

스피치를 순식간에 구체화하는 툴 • 173

→ 5 STEP 스피치   → WHAT - WHY - HOW

실전 스피치 DO AND DO NOT • 185

롤 모델을 카피하라 • 197

나를 세워줄 무대를 스스로 찾아라 • 202

진심을 Delivery 하라 • 206

5장 [인간관계의 기술] 사람이 끊이지 않는 사람의 비밀

관계, 너 참 어렵다 • 213

정말 해도 해도 너무해 • 217

고쳐 써먹으려 하지 마라 • 220

말투 하나 바꿨을 뿐인데 • 225

갈등을 피하는 대화의 기술 • 231

이어 나가는 것이 늘 정답은 아니다 • 241

인간관계, 애쓴 만큼 더 좋아진다 • 245

6장 [리더십의 기술] G.R.O.W.T.H 변화를 이끄는 리더의 6단계

GOAL – 황금 목표 설정의 비밀 • 253

REVIEW – 실패 점검의 기술 • 262

OPPORTUNITY – 기적을 만드는 기회 포착의 6가지 방법 • 269

WITH – 확실한 자신감 충전의 5가지 방법 • 277

TRY & TRY AGAIN – 성공을 만드는 공식 '한 번만 더' • 284

HUNGRY – 성장 지속의 기술 • 289

1장

**[세일즈의 기술]
나는 20대에 연봉 1억을 받는다**

20대, 세일즈를 해야 하는 진짜 이유

늘 나는 꿈꾸어 왔다. 무릎길이까지 내려오는 A라인 검정 스커트에 하얀 와이셔츠를 입고 한 손에는 핸드백을 또 다른 손에는 서류봉투를 들고 뾰족한 하이힐을 신고 있다. 그리곤 또각또각 걸으며 자연스럽게 외국인과 대화를 나누며 회사의 카페테리아를 걷고 있는 그 모습을.

어떤 일을 하든 앞서 묘사한 것처럼 멋진 모습의 커리어 우먼이 되고 싶었다. 그러나 주어진 현실과 꿈꾸던 이상은 달라도 너무 달랐다. 예쁘고 멋질 것이라 상상했던 나의 환상과는 달리 처음 내 시작은 초라하기 그지없었다. 나는 밤낮으로 현장을 뛰어다녔고, 고객들의 거절, 영업을 하는 것에 대한 주변 사람들의 우려 및 선입견 그리고 그 과정에서 오늘도 성과를 낼 수 있을지에 대한 두려움과 매일 사투를 벌였다. 언뜻 보면 하고 싶지 않다고 생각할 수 있는 영업을 20대 여대생이 시작한 이유가 뭘까? 그리고 필드 영업에서 인정받아 1년 8개월 만에 관리자로 빠르게 승진할 수 있었던 이유는 무엇일까.

한 기업에서 장기간 일을 하는 것이 어려워졌을 뿐 아니라 더 이상 그걸 원하는 청년들도 많지 않다. 대만 카스텔라, 탕후루 가게와 같은 트랜드를 반영한 가게가 생기더니 몇 개월 지나지 않아 또 다른 가게가 새롭게 들어서기를 반복하고 있다. 미래가 보장되지 않는 사회에서 안정적인 직장이 있을까? 등용문인 대기업에 어렵게 입사해서 퇴직하고 나서 자영업을 하니 하루라도 젊었을 때 실패하여 경험을 쌓아 내 사업을 하는 것이 더 낫겠다는 생각이 들었다. 특히 집의 가장이다 보니 돈을 많이 벌어 집을 세우는 데 보탬이 되고 싶었다. 하지만 일반 기업의 월급으로는 한계가 있었다. 내가 하는 만큼, 내 연봉과 나의 가치를 기업에 의해서도 아니고, 타인에 의해서가 아닌 스스로 정하고 싶었다. 그래서 영업을 시작하기로 결심했다.

남들이 하지 않는 데는 이유가 있듯이 처음 시작도, 과정도 쉽지 않았다. 매일 아침 눈을 뜨며 오늘도 기대한 것만큼의 결과를 낼 수 있을까라는 불확실성이 영업을 쉽게 도전할 수 없는 이유이지 않을까? 그런 불확실함 속에서 감정을 컨트롤하고 확신하며 결과를 낼 수 있었던 나만의 이유와 방법이 있다.

　기회를 모두가 다 기회라 생각하고 알아본다면 그것은 진짜 기회가 아니다. 남들이 좋아하고 모두가 해낼 수 있다면 그건 경쟁력이 있다고 볼 수 없다. 기회는 준비되어 있고 찾는 사람에게 주어지듯이 내가 할 수 있는 방법을 찾으려 애썼다. 그렇게 방법을 터득해 나가며 업계에서 압도적인 결과를 얻고, 성장을 할 수가 있었다.

　흔히들 영업은 말만 잘하면 잘할 수 있는 일이라 생각한다. 사실 영업을 잘하기 위해서는 말보다 태도, 끈기, 일을 대하는 자세 및 준비가 더 중요하다. 영업과 사업을 하는 사람이라면 다음의 3가지 자세를 기본적으로 갖추는 것이 좋다.

첫 번째,
문제에 대한 준비와 대비책이 있으면 실패하지 않는다

　나는 '유비무환(有備無患)'이라는 말을 좋아한다. 평소에 준비가 철저하면 후에 근심이 없음을 뜻하는 말이다. 현장 영업을 나갈 때마다 내가 맡은 클라이언트에 관한 공부나 전달해야 할 내용의 프레젠테이션 연습뿐 아니라 그날의 목표, 그 주의 목표, 한 달의 목표 및 그에 상응하는 디테일한 플랜을 준비했다. 해당 클라이언트에 대한 정보 파악뿐 아니라 판매 대상(타깃)에 대한 파악도 잊지 말아야 한다. 실제로 나는 20대부터 50대에 이르기까지 각 연령층부터 결혼 유무의 여부나 아이가 있는지 없는지, 남자인지 여자인지 등 내가 판매할 고객을 파악하여 각각의 상황에 맞는 프레젠테이션을 준비했다. 그들의 니즈가 각각 다르기 때문이다. 니즈에 충족하는 셀링포인트를 찾아 스피치할 수 있어야 한다.

B2B 고객에 있어서도 마찬가지다. 기업을 파악하고, 기업의 핵심 서비스와 비니지스 모델을 파악한다. 그리고 이를 기반으로 퍼포먼스를 더욱 극대화할 수 있도록 세일즈 전략을 맞춤형으로 준비해서 간다.

두 번째,
숫자에 집중한다

세일즈는 숫자와의 싸움이다. 숫자는 거짓말하지 않는다. 지금 내 감정과 결과에 집중하지 말고 과정에 집중해야 한다. 다시 말해 고객의 거절에 집중하기보다 숫자에 의한 과정을 잘 이루고 있는지에 초점을 맞춰야 한다. 예를 들어 2명의 고객과 계약 체결이 그날의 목표라면 내가 집중해야 할 것은 이루어야 할 목표나 타깃도 있다. 하지만 그 결과를 이루기 위한 과정, 즉 최소 15명 이상의 사람을 동일한 컨디션으로 만나는 '과정'에 집중하는 것이다.

사람들은 영업을 '고객을 설득하는 과정'으로 생각한다. 그러나 나는 영업은 설득이 아닌 '필요한 것을 교환하는 것'이라 말하고 싶다. 교환하려면 필요한 사람을 먼저 찾아야 한다. LAW OF AVERAGE라고 해서 '평균의 법칙'이 세일즈에는 존재한다. 그림과 같이 관심 없는 고객, 중립적 고객, 관심이 있는 고객을 나누어 볼 때 해당 서비스를 필요로 하는, 관심이 있는 고객을 찾아 서로 교환하는 일이 영업이다. 따라서 구매 욕구가 있는 동그라미 고객을 찾을 때까지 발 빠르게 움직여야 한다.

세 번째,
4R의 법칙을 활용하라

영업을 하면서 가장 중요한 일이 있다면 그날의 하루에 대한 평가 및 개선을 위한 행동을 취하는 것이다. 4R을 활용하면 좋다. Review-Reset- Refocus-Restart에 관해 설명을 간단히 하자면 다음과 같다.

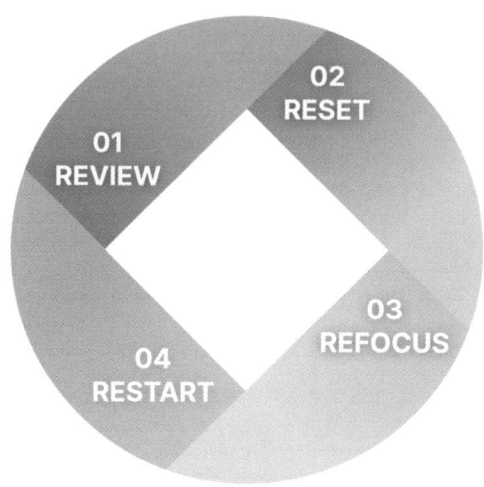

Review : 그날의 결과를 전체적으로 쭉 살펴보는 것이다. 기준을 가지고 보면 좋다. 세일즈에 있어서 Number(숫자), Skills(스킬), Attitude(태도) 부분으로 나누어 각각 잘했던 점과 개선할 점을 파악한다. 어디가 부족한 부분인지 파이프라인을 하나하나 두드려보고 체크해 보는 단계다.

Reset : 부족한 것에 대하여 재설정하는 것이다. 목표가 지나치게 높진 않았는지, 방법이 잘못되지는 않았는지 파이프라인을 점검한 후 본인의 현황과 상황에 맞는 목표와 방법을 조정하는 단계다. 목표 조정 시 다음날에 달성할 목표보다 잘한 것은 하나 더, 부족한 점은 하나를 줄이면 된다.

Refocus : 재설정한 목표를 가지고 그것에 집중하는 것이다. 이때 집중하지 못하게 하는 상황이나 환경 및 사람을 최대한 멀리해야 한다. 내가 컨트롤할 수 있는 상황에 집중하고 컨트롤할 수 없는 상황에 집중하지 않기를 주의해야 한다.

Restart : 목표를 가지고 새롭게 시작하는 단계다. 여기서 팁은 충분히 이룰 수 있고, 이루고자 하는 목표여야 한다. 그리고 그 목표에 120%의 노력을 쏟을 각오가 되어야 한다.

4R은 세일즈뿐만 아니라 창업, 사업, 그리고 자기 성장의 모든 과정에 적용할 수 있는 강력한 도구다. 만약 도전을 했음에도 성과가 나지 않거나 실패가 반복된다면, 4R을 제대로 활용하지 않았기 때문일 가능성이 크다. 도전과 회고(피드백)는 항상 함께 가야 하며, 이 두 가지가 하나로 연결될 때 비로소 성장이 이루어진다.

20대, 나는 영업으로 그 도전을 시작했다. 나의 한계에 많이 부딪혔고, 그때마다 포기하지 않고 할 수 있는 최선을 다했다. 그리고 시행착오를 통해 성장했다. 젊은 20대 여자가 할 수 있다면 누구든 가능하다는 것이다. 그 시작이 무엇이든.

세일즈, 오해와 진실

경제협력개발기구(OECD) 2022년 통계에 따르면, 한국의 자영업자 비율은 23.5%로 OECD 평균 15.3%보다 8.2% 높으며, 전 세계적으로 7위를 차지하고 있다. 매년 약 60만 명의 신규 자영업자가 배출되고 있으며, 4차 산업혁명과 디지털 전환이 가속화되면서 자영업뿐 아니라 프리랜서, 스타트업 창업 등 다양한 형태의 비즈니스에 도전하는 사람들이 계속해서 늘어나고 있다. 그러나 도전이 늘어나는 만큼 실패 사례도 적지 않다.

특히, 한국의 창업기업 5년 차 생존율은 34.8%로 OECD 평균인 45.4%보다는 10.6% 포인트나 낮아 창업 환경의 어려움을 여실히 보여준다. 사람들은 왜 비즈니스에 실패하는가? 여러 이유가 있겠지만, 나는 그 핵심 중 하나가 영업의 중요성을 간과하는 데 있다고 본다. 자영업을 비롯하여 비즈니스를 하기 위해서는 영업을 잘해야 한다. 자신의 사업을 위해 철저한 영업 마인드로 무장하여 끊임없이 고객을 창출하기 위한 방법을 고민하고 행동해야 한다. 또 그 과정에서 무수한 실패와 거절을 딛고 결과, 즉 수익(profit)으로 만들어야 한다.

일반적으로 아무리 좋은 대학교에 나와 최신 기술로 만든 기계가 있는 병원을 개원해도 환자 유치를 해야 한다. 대법관 출신이 법률 사무소를 차려도 수임을 해야 하고, 혁신적인 기술로 개발한 새로운 아이템을 발명해도 팔리지 않으면 무용지물이다. 문을 닫게 되는 기업이 있을지라도 구조조정 대상에서 끝까지 살아남는 부서는 영업 팀이다. 영업 팀은 혈액을 공급하는 핵심 부서다. 기업의 핵심은 수익이며 수익과 직결된 부서가 바로 영업 팀이기 때문이다. 영업부서 없는 회사가 어디 있는가.

영업의 중요성에 대해 이렇게 강조하고 있는 나조차도 처음에는 그 시작이 두려웠다. 영업 활동을 한창 하던 시기에도 내가 하고 있는 일에 대해 선뜻 가족들과 지인들에게 알리기가 꺼려졌다. 심지어 현장에서 영업 활동을 하던 중 대학 친구를 마주쳤을 때 어깨가 움츠러들던 때도 있었다. 시작이 그랬기 때문에 두려운 마음에 대해 충분히 이해할 수 있다. 그러한 과정을 통해 영업의 중요성을 깨달은 지금은 하루라도 빨리 세일즈에 대한 편견과 선입견을 깨고 많은 사람들이 도전하기를 진심으로 바란다. 그런 인식 개선과 환경을 만들기 위해 지금 이 책도 쓰고 있다.

그러나 안타깝게도 세일즈맨을 생각하면 흔히 우리가 떠오르는 이미지는 상당히 부정적인 편이다. 영업은 철저히 을의 위치로서 아쉬운 소리를 하며 거절에 맞서야 하는 일이라 생각하는 사람이 많을 것이다. 모두가 그런 것은 아니지만 영업직에 종사하는 상당수에 사람들이 영리, 이익을 취하기 위해 정직하지 못한 방식으로 사람들에게 접근하고 있는 모습을 종종 보게 된다. 또한 고객이 아닌 나의 이익을 취하는 것을 우선으로 하고 원하는 결과를 위해 표리부동의 자세도 마다하지 않는 모습 때문에 영업에 대한 인식이 부정적이게 된 것이 아닐까.

이제부터라도 영업에 대한 인식을 바로 하고 제대로 해보면 어떨까? 다음의 방법은 기존의 부정적인 선입견을 깨고 사람을 끌어당기는 영업을 하는 데 도움이 될 것이다.

영업을 매력적으로 하라

자기 자신을 판매하는 것이 '영업'이다. 내가 매력적이어야 사람들을 끌어당길 수 있다. 매력적으로 판매하는 방법 중 하나가 '상대방의 호감을 사는 것'이다. 아주 작은 것으로도 상대의 호감을 살 수 있다. 바로 밝은 웃음, 상대에게 경청하는 것, 상대방과의 릴레이트(연결 고리나 공통점 찾기), 미러링(상대의 표정, 행동, 말투 따라 하기)으로 상대의 호감을 사고 친밀감 및 공감대를 형성할 수 있다. 매력은 단지 예쁘고 멋진 것이 아니다. 보통 있는 그대로의 자기 모습, 꾸밈없는 진실한 모습, 상대방을 배려하는 작은 마음, 반전이 있을 때 또는 자신만의 강점과 장점을 통해 나타날 수 있다. 이처럼 나만의 매력 포인트가 무엇인지 고민해 보고 상대에게 보여줄 수 있으면 좋다.

고객을 먼저 생각하라

고객이 세일즈맨을 달가워하지 않는 이유는 자신의 이익만 생각하고 상대를 푸쉬하기 때문이다. 고객을 먼저 생각해 주는 느낌을 받는다면 경계심을 낮추고 마음의 문을 활짝 열 것이다. 가장 먼저 해야 하는 것은 고객의 니즈를 파악하기 위해 상대방을 관찰해 보는 것이다. 눈과 귀와 마음을 열어 무엇이 고객의 니즈인지 찾아보자. 팔려고 접근하지 말고, 고객에게 무엇이 필요한지를 찾는 것이 중요하다. 또한 상대방에게 필요한 정보를 우선적으로 줌으로 진정성을 보이고 신뢰를 형성하는 것이 좋다. 이 모든 상호작용에 있어 고객을 배려하는 마음을 갖는 것은 매우 중요하다. 또한 대화할 때 너무 빠른 말과 내가 말하고 싶은 것만 전달하는 일방적인 대화가 되지 않도록 유의해야 한다.

고객을 선별하라

앞서 LOA(평균의 법칙)에 관해 이야기했다. 내 필요를 채워줄 고객을 먼저 찾지 말고, 해당 제품이나 서비스가 필요한 초록색 고객을 찾아라. 이를 위해 당신이 좀 더 부지런히 움직여야 한다. 다시 한번 강조하지만 고객을 설득하지 말고, 필요한 고객을 발 빠르게 찾는 것이다. 세일즈는 역시나 말보다는 발이 빨라야 더 많은 성과를 낼 수 있다.

끝까지 친절하라

영업 사원이 불편한 이유는 겉과 속이 다른 면이 보이기 때문이다. 진실하지 못한 사람은 인간적으로도 별로다. 고객(Customer)이 해당 제품과 서비스에 대한 의사가 없어도 마지막까지 친절해야 한다. 실제로 '마지막 10초'를 잘해 좋은 기억을 남겨 돌아온 고객들이 많았다. 그뿐만 아니라 실제 현장에서 마지막 10초를 잘한 덕분에 우리와 계약하지 않은 고객사로부터 좋은 CS 평가를 받게 되어 새로운 고객사(Client)와도 일할 수 있게 되었다. 고객이 거절해도 웃으며 끝까지 친절하라.

가치와 사명감을 전달하라

물건을 팔면 우리는 을이 되지만 가치와 비전을 팔면 갑이 된다. "내가 좋다고 생각하는 것을 필요한 사람에게 전달하는 것"이라는 생각을 갖고 고객에게 다가간다면 그들에게 확신을 줄 수밖에 없다. 이게 가능하기 위해서는 내가 판매하고 알리는 것에 대한 자부심이 있어야 한다. 해당 제품에 대한 부정적인 인식과 의심이 있다면 실제 판매로 이어지기 어렵다. 가치와 자부심을 갖기 위해서는 제품에 대한 꼼꼼한 파악과 공부 그리고 제품이 필요한 타깃에 대한 충분한 숙지가 필요하다.

이 같은 마인드로 영업을 제대로 배우기만 한다면 고객과 자신이 서로 이기는(win-win) 결과를 낼 수 있다. 이러한 결과로써 또 자기 일에 자부심을 가지며 일할 수 있다. 나 또한 이렇게 세일즈를 하면서 그동안 알게 모르게 있었던 부정적인 선입견들이 많이 깨졌다. 정직하고 올바른 방법으로 영업할 때보다 좋은 성과를 낼 수 있다는 것을 경험하게 된 것이다.

잘나가는 세일즈맨은 무엇이 다를까?

 이란격석(以卵擊石)이라는 사자성어가 있다. '달걀로 돌벽을 치듯'이란 뜻으로 흔히 '달걀로 바위치기'라고 이야기한다. 실제 영업을 하다 보면 세일즈를 열정과 도전으로만 시작하는 사람들이 많다. 그러나 이런 사람들은 곧 좌절하게 된다. 왜냐하면 영업을 시작하게 되면 고객 거절과 응대의 어려움, 주변 사람들의 시선, 성과가 안 나왔을 때의 조급함, 원하던 목표 미달성, 여러 감정적 마인드 컨트롤 문제 등 우리의 다짐과 열정을 흔들리게 하는 시간이 반드시 오기 때문이다. 즉 여러 챌린지로부터 포기하고 싶은 순간이 오는 것이다.
 우리의 의지는 생각보다 약하다. 마음을 먹는다고 해서 잘할 수만 있다면 실제 나를 포함한 많은 여성이 다이어트를 매번 결심만 하는 것으로 그치지 않을 것이다. 작심삼일이라는 말이 우리에게는

아주 익숙한 말이다. 우리의 의지와 열정만으로는 원하는 목표를 달성하기가 늘 힘들기만 하다. 이렇듯 실제 필드 영업을 달걀로 바위 치듯 아무런 전략과 준비 없이 시작하는 사람들이 의외로 많다. 결과가 나오지 않다 보니 이에 따라 자신감이 떨어지고 세일즈에 대한 부정적인 인식이 생겨 더 이상 일을 하기 힘들어진다.

한창 필드를 누비며 영업 활동을 했을 때 10개월 동안 성과 부분에서 지점 연속 1위를 달성할 수 있던 것은 잘하고 싶은 마음의 열정과 다짐뿐 아니라 그에 걸맞은 스킬과 전략들을 철저히 준비했기 때문이다. 나뿐 아니라 일을 하다 보면 세일즈를 유난히 잘하는 사람들이 있다. 그리고 그들의 모습을 보면 공통점이 있다. 다음으로 잘나가는 상위 5% 세일즈맨들의 공통점에 대해서 살펴보자. 그들이 하는 노력과 마인드를 흡수하면 당신의 수입 또한 함께 올라갈 것이라 확신한다.

첫 번째,

동기부여가 되는 확실한 목표가 있다

표범은 사냥감을 보고 쫓을 때 주변을 살피지 않는다. 사냥해야 할 대상, 목표만을 보고 시속 60km 이상의 속도를 내며 전력 질주한다. 세일즈를 잘하는 사람들은 오늘 내가 성취할 목표가 무엇인지, 그 목표를 달성하기 위해 어떤 과정을 거쳐야 하는지 분명히 아는 사람들이다. 세일즈를 어려워하는 사람들을 가만 보면 머릿속에 잡다한 생각이 많다. 그리고 안될 것과 거절감에 미리 두려움을 갖고 있는 사람들이 많다. 목표를 달성하기 위해서는 오로지 한 가지 목표만을 생각하고 그것을 달성하기 위한 과정에 충실하는 것이 핵심이다.

두 번째,
그 목표를 달성하기 위한 구체적인 계획이 있다

잘하는 사람들은 목표를 달성하기 위한 계획과 그에 따른 철저한 준비를 한다. 그리고 그들은 일별(daily) 주간별(weekly) 월별(monthly)로 구체적인 계획을 세운다. 예를 들어 이번 달 목표가 지점 1등이라고 한다면 1등을 위해 달성해야 할 영업 이익(Profit)과 고객 수는 구체적으로 얼마이고, 몇 명인지 파악한다. 그러고 나서 달성해야 할 목표 이익과 고객 수를 주간으로 나눈다. 이때 목표를 매주 동일하게 나누는 것이 아니라. 주간 영업 전략과 다양한 채널을 고려하여 주간 별로 적절하게 달성 목표 수치를 세팅한다. 그리고 일별로 내가 만나야 할 고객 수를 설정하고 몇 번의 프레젠테이션을 할지 구체적으로 정한다. 이때 내가 만나는 고객이 누구인지 그들의 니즈는 무엇인지 그 니즈에 맞는 스피치와 고객의 구매력을 높일 수 있는 요인들을 파악하고 철저한 연습과 준비를 해야 한다. 늘 계획에 맞게 일이 잘되지는 않을 것이다. 그러나 중요한 것은 계획이 수정되는 것이 계획이 없는 것보다 낫다.

무엇보다 피드백 시간을 가지는 것을 잊지 말자. 중간중간 계획이 잘 달성되고 있는지 잘 안된다면 무엇이 왜 안 되는지 점검하라. 부족한 부분을 반드시 피드백을 통해 개선해야 한다. 구멍이 있는 항아리는 물이 새기 마련이다. 개선점을 보완하기 위한 액션이 필요하다. 또 플랜 중에는 달성이 잘 안되는 것이 있다. 안되는 것을 무리하게 끌고 가지 말고 잘 되는 것은 하나 더, 잘 안되는 것은 목표 수치보다 하나 더 줄이면 된다.

세 번째,
1도의 차이

잘하는 세일즈맨들은 1℃의 차이를 아는 사람들이다. 각도상으로 1도의 차이는 격차 없이 미미해 보이지만 끝을 보면 엄청난 차이를 보인다. 또한 물은 99℃에서 끓지 않는다. 1℃를 더한 100℃에서 물이 끓는다는 것을 우리는 잘 알고 있다. 성과를 우수하게 내는 사람들은 늘 일반적으로 하는 것보다 추가적인 하나를 꾸준하게 한다.

예를 들어 고객에게 프레젠테이션을 남들은 10번 한다면 성과가 우수한 사람들은 10번 이상을 한다. 또한 일반적으로 하는 영업 채널이 있다면 그걸 하면서 동시에 나만이 할 수 있는 추가적인 채널과 마케팅 방식이 무엇이 있을지 고민해 보고 실행해 본다. 가장 중요한 것은 남들과 비교하기보다 어제의 오늘보다 나은 내가 되었는지 스스로 피드백을 주고, 자신의 부족함을 채워나간다. 내가 아직 성과 부분에서 크게 이룬 것이 없다면 남들이 하는 것과 똑같이 하고 있지는 않은지, 성장하고 개발하기 위한 추가적인(extra) 노력을 꾸준하게 더 하고 있는지 살펴봐야 한다.

네 번째,
learning is earning

세일즈 Top 5%의 사람들은 끊임없이 잘하는 사람에게 배운다. 잘하는 사람이라고 해서 겸손하지 않은 사람이라는 생각은 착각이다. 상위 5%의 사람들은 배우기 때문에 잘한다. 그들은 배우는 것을 돈을 버는 것이라 생각한다. 현재 자신에게 부족한 것을 잘하는 사람들의 방법과 노하우를 끊임없이 배움으로써 자신의 것으로 만든다. 그리고 그것으로 돈을 번다. 지금 자신에게 부족한 부분들이 있다면 잘하는 사람들의 마인드나 기술, 전략들을 배우기 위한 치열한 노력을 하라. 모르는 것을 알고 있는 척하는 것이 오히려 나의 성장을 더디게 한다. 어떤 분야에서 성공한 사람들도 전문가나 멘토에게 도움을 받았던 사람들이다. 혼자서 성장하는 사람은 없다. 멘토들도 기꺼이 도움을 주고 싶어 한다. 무엇이 부족한지 스스로 파악하고 이를 개선하기 위한 사람과 채널을 파악한 후 가서 배워라. 배우고 그들을 카피 하라. 그렇게 한 만큼 당신의 수입 또한 증가할 것이다.

다섯 번째,
오늘의 영광은 그날의 영광으로, 당신의 성과를 리셋하라

잘나가는 세일즈맨의 마인드를 보면 그날의 잘한 것을 내일 모레 일 년까지 가져가지 않는다. 계속해서 좋은 성과를 내는 사람들은 만족하지 않기 때문이다. 하루에 달성하고자 하는 고객의 수가 2명이라고 한다면 1명의 고객 유치를 해도 성과를 잊어버릴 정도로 다음 타깃에 집중한다. 그렇게 한 사람 한 사람에게 집중하며 자신의 성과에 대해 일이 끝나는 시간까지 만족하지 않고 처음 시작하는 마음 그대로 가져간다. 그렇게 마인드 유지를 통해 하루가 아닌 일주일을 한 달을 하다 보면 어느새 남들을 압도적으로 제치는 결과를 얻게 된다. 그들이 좋은 성과를 낼 수밖에 없는 성공 마인드는 바로 만족하지 않고, 매일매일 초심으로 필드에 임하기 때문이다.

독일의 시인이자 철학자인 니체는 이렇게 말했다.

"모든 완전한 것에 대해 우리는 그것이 어떻게 생겨났는지 묻지 않는다, 우리는 마치 그것이 마법에 의해 땅에서 솟아난 것처럼 현재의 사실만을 즐긴다."

우리는 성공하는 사람의 외적인 부분만 보고 그들이 원하는 목표를 달성하기 위한 치열한 노력은 종종 간과할 때가 있다. 성공하고 싶고 잘하고 싶지만 그들이 하는 노력을 감수하기는 늘 힘들다. 여러분 눈에는 무엇이 보이는가. 엄청난 결과물에는 늘 피나는 노력이 있다는 사실을 명심해야 한다.

목표를 달성했다면 적절한 보상은 필수다

부자들은 "원하는 것을 얻다 보니 부자가 되었다"라고 말한다. 여기서 중요한 것은 원하는 것(목표)과 그것을 얻는 경험(성취와 보상)이다. 원하는 것을 꼭 얻고 마는 사람들을 보면 대체로 원하는 것이 분명하며 그것을 성취한 뒤 가졌던 것보다 더 큰 것을 얻고자 한다. 그리고 한번 성취한 사람들은 성취하는 빈도수 또한 높다. 왜 그럴까?

《지금 당장 롤렉스 시계를 사라》의 저자 사토 도미오의 말에 따르면, 사람에게는 '지식 기억'과 '경험 기억'이 있다. 단순히 지식으로 얻은 기억보다는 경험으로 인한 기억이 뇌에 오래 기억된다는 것이다. 따라서 어떠한 사건이 감정을 포함한 '경험 기억'에 의해 기억된다면 그 기억은 언제까지나 뇌에 오래도록 간직이 된다. '목표를 달성하여 원하는 것을 성취한 일' '적절한 보상을 주는 것'을 경험을 통한 기억으로 인식한다면 뇌는 이러한 체험을 몇 번이고 반복하려고 할 것이다. 그리고 이러한 경험들은 부자를 떠나 성공하기 위해 아주 필요한 과정이다.

필드(현장) 영업을 4년 동안 하면서 멈추지 않고 계속해서 직위적으로나 금전적으로나 눈에 띄게 많은 것을 성취할 수 있었던 이유도, 바로 단계별 목표와 달성했을 때의 적절한 보상이 있었기 때문이다. 처음부터 이루기 힘든 큰 목표를 설정하고 그 목표를 달성하기 위해 무조건적으로 허리띠를 졸라매거나 무리해서 절제하는 것만이 답은 아니다. **큰 목표를 설정하되 그 목표를 이루기 위한 아주 작은 단계들을 설정하고 이루어 나가는 과정이 매우 중요하다.**

나는 필드 영업을 하면서도 일과 삶의 균형을 이루는 소위 말해 워라밸(Working And Life Balance)이 가능했다. 필드 영업은 주중 주말 가릴 것 없이 자기가 원하는 스케줄대로 움직일 수도 있고 일을 추가적으로 더 할 수 있다. 나는 주중 5일을 일했고, 특별히 주중에 쉬어야 하는 날이 있다면 일을 오프한 만큼 주말에 뛰어서 늘 주 5일을 맞췄다.

대략 20일을 기준으로 영업을 한다고 했을 때 20일 동안 벌고 싶은 인컴을 명확하게 설정했다. 그리고 그런 인컴을 벌기 위해 내가 실제로 세일즈해야 할 목표치를 정했다. 예를 들어 5백만 원을 벌기 위해 판매해야 할 세일즈 목표치가 한 달에 60개라고 한다면 주간에 15개를 설정하는 것이다. 그리고 데일리로 세일즈해야 할 개수를 3개로 설정해 두는 것이다.

이러한 과정을 위한 사전 계획을 월간 목표 설정 시에 하는데 이때 목표와 달성 시의 보상을 적어 둔다. 예를 들어 이번 달에 60개 영업 수치를 17일 안에 보다 빠르게 달성했다면 3일은 나를 위한 시간으로 보상하는 것이다. 해서 2박3일을 국내 여행 가거나 주말을 합쳐서 해외여행을 다녀오기도 했다. 이렇게 해서 다녀온 국내 국외 여행만 실제로 상당했다. 최소 한 달에 한 번은 여행을 다녀왔다.

또한 천만 원 모으기를 목표로 삼고 나서 달성 시에 엄마가 가고 싶어 했던 이스라엘 여행을 보내주는 것을 보상으로 정했다. 달에 85만 원을 저축하기 위해 스스로를 절제하고 더 많은 저축을 위한 엑스트라 일을 더하면서 목표로 한 금액을 저축했다. 그리고 달성 후에 엄마에게 효도 여행을 보내 드렸다. 오랫동안 두 자녀를 키우느라 고생한 그동안의 시간에 대한 위로와 감사를 드릴 수 있어서 무척이나 기뻤었다.

또 버는 인컴이 많아질수록 내가 가진 것에 대한 나눔을 하고 싶었다. 나의 페이가 오를수록 돕고 싶은 자선단체(NGO, NPO, 비영리 기구)도 많아졌고, 후원으로 실질적인 도움을 줄 수 있었다. 이렇게 후원을 늘리다 보니 어느새 돕는 자선단체도 점점 늘어나게 되었다.

이런 보상을 자기에게 주고 또 다른 누군가를 지원할 수 있는 이

타적인 보상을 하다 보니 돈을 버는 즐거움과 동시에 보람과 기쁨이 있었다. 그리고 이러한 보람이 지속되면서 나에게 더 큰 행복으로 다가왔다. 그런 선순환의 경험을 하니 긍정적인 에너지가 작용되어 더 많은 돈을 벌 수 있었다. 이타적인 목적을 위해서 꺼낸 돈은 그 몇 배가 되어 다시 돌아온다. 누군가의 기쁨을 위해 사용되는 돈이라면 얼마든지 자기 자신에게 돌아올 것이다.

목표를 달성했을 때 적절한 보상을 반드시 하는 것은 더 큰 목표를 달성하기 위한 또 다른 에너지원이 된다. 그러나 목표를 달성하는 과정은 결코 쉽지만은 않다. 원하는 것을 이루기 위해 4가지 팁이 여기 있다.

첫 번째,
목표를 시각화·이미지화하라

원하는 것이 여행이라면 가고 싶은 여행지의 사진, 자동차라고 한다면 자동차 사진 등을 내 주변 가까이 볼 수 있는 곳에 시각화하라. 메신저 프로필 사진으로, 집에서도 자주 보는 곳에 붙여 두는 것이다. 내가 볼 수 있는 곳에 자주 노출하는 것이 중요하다.

두 번째,

100명에게 쉐어링(Sharing)하라

　단순히 갖고 싶은 것뿐 아니라 이루고 싶은 꿈이나 계획들도 PPT 자료나 눈에 볼 수 있는 자료로 시각화시키고 자주 볼 수 있도록 하라. 그러고 나서 최대한 많은 사람에게 내가 이루고 싶은 것을 쉐어링(Sharing)하라.

　나의 경우 최연소 지점장이 되기 위한 단계들을 비즈니스 플랜으로 만들어 이미지화했다. 자주 사람들에게 내 계획을 설명하며 나뿐 아니라 다른 사람들에게도 지속적이고 아주 의도적으로 노출시켰다. 말에는 힘이 있다. 또한 한번 뱉은 말을 지키고 싶어 하기 싫을 때 억지로라도 하도록 만들었다. 원하는 것을 이루기 위한 방법들과 계획을 가능한 디테일하게 세워 100명에게 말하라. 그러한 작업을 통해 어느새 나도 모르는 사이에 꿈이 이루어진 것을 생생하게 목격할 수 있을 것이다.

세 번째,

120%의 노력을 더하라

　원하는 목표를 위해 입만 벙긋대는 것은 아무 소용이 없다. 내가 할 수 있는 120% 노력을 더해야 한다. 경사가 높은 곳을 오르기 위해 처음에는 액셀을 세게 밟아야 한다. 120%의 노력이 거창한 것은 아니다. 내가 어제 했던 것보다 한 가지씩만 추가적인 노력을 더하기만 하면 된다.

마지막, 이미지 트레이닝 하라

계속 강조하는 바이지만 다른 말로 생생하게 꿈꾸는 것이다. 달성한 목표를 이루었을 때의 감정이나 장면을 머릿속으로 생생하게 그려라. 생각은 공짜다. 그러니 실컷 상상해도 좋다. 디테일하게 상상하는 것만으로도 원하는 것을 이룰 수 있다. 왜냐하면 뇌는 현실에 관심이 없기 때문이다. 뇌의 원리에 따라 내가 믿고 있으면 그 믿음이 현실로 될 수 있도록 움직일 것이다.

문제를 기회로 전환하는 상위 1%의 생각

　1991년 일본의 아오모리현은 잇따른 태풍 피해로 수확을 앞둔 사과의 90%가 땅에 떨어졌다. 사람들은 땅에 떨어져 더 이상 팔 수 없는 사과를 보며 망연자실했다. 그리곤 상품으로서의 가치를 잃어버린 사과를 보며 태풍을 원망할 수밖에 없었다. 하지만 오직 한 청년만이 모진 태풍을 이겨내고 매달려있는 사과를 보면서 이런 생각을 하게 된다.

　"이 사과는 거센 비바람과 태풍에도 떨어지지 않는 행운의 사과다." 그는 망연자실해 있던 사람들과는 다른 생각을 했다. 마침 대학 입시 철이 다가오고 있었고, 청년은 이 행운의 사과를 '합격 사과'라는 이름으로 시장에 팔기 시작했다. 그 결과 '합격 사과'는 놀랍게도 본래의 가치보다 10배 이상의 가치를 인정받아 순식간에 팔리게 되었다.

이 이야기를 통해 동일한 사건이나 상황임에도 불구하고 어떠한 관점으로 대상을 바라보느냐에 따라 상황이나 결과가 달라지는 것을 알 수 있다. 대다수 사람이 떨어진 '90%의 사과'를 먼저 봤지만, 누군가는 남아 있는 '10%의 사과'를 봤다. **문제가 생길 때 누군가는 그것을 위기로 보지만 또 다른 누군가는 그것을 기회로 본다.** 같은 상황이라도 무엇을 바라보느냐에 따라 기회가 될 수 있는 것이다.

현장 영업에 처음 뛰어들게 되었을 때 신입으로 처음 담당하게 된 클라이언트가 있었다. 그때 당시 해당 클라이언트는 모두에게 기피 대상 1호였다. 이유는 기존에 담당하던 클라이언트들과의 성향이나 접근 방식 그리고 콘셉트 자체가 다르다는 이유 때문이다. 또한 그 클라이언트가 인지도도 적고 고객들의 반응이 냉담하다는 이유에서 사람들은 그 클라이언트를 맡기 꺼렸다. 실제로 그 일을 담당하는 사람 중 대다수가 실적도 떨어지며 점점 그 고객사의 일을 담당하는 것을 두려워하는 사람들이 생기기 시작했다. 그때 나는 신입으로 그 클라이언트 일을 맡게 되었다.

신입이었기에 해당 클라이언트에 대한 선입견은 없었다. 무엇보다 내가 담당하는 고객사의 성과가 내 노력으로 인해 향상되기를 기대했다. 기왕 맡게 된 일이라면 최선을 다해 잘해보고 싶었다. 당시 사람들은 이 프로젝트에 대해 많은 불만과 어려움을 토로했고,

이를 지켜본 지점장님께서는 내가 신입으로서 이 일을 감당하기 어려울 것이라 염려하셨는지 다른 클라이언트를 맡아보는 것이 어떻겠냐는 제안을 하셨다.

하지만 내 생각은 달랐다. 이 클라이언트가 사람들에게 잘 알려지지 않았다면, 그것이 오히려 더 많은 이들에게 알릴 수 있는 기회라고 여겨졌다. 그리고 내가 이를 통해 클라이언트의 인지도를 높인다면, 그 성취는 나에게 큰 보람이 될 뿐만 아니라 팀 내에서도 내 역량을 인정받을 수 있는 계기가 될 것이라 믿었다. 나는 이러한 생각을 지점장님께 솔직히 전달하며, 이 클라이언트의 일을 반드시 잘해보고 싶다는 의사를 분명히 밝혔다.

그러고 나서 나는 본격적으로 클라이언트를 브레인스토밍하며 꼼꼼히 공부했고 어떤 셀링포인트로 고객들에게 설명할 것인지를 파악했다. 자연스러운 스피치로 프로다운 모습을 보이기 위한 스피치 연습까지 철저히 했다. 내부적인 준비를 마치고 누구에게 어떤 채널로서 전달할지 전략적으로 세팅한 후 목표를 달성하기 위해 열심히 발로 뛰었다. 결과는 어떠했을까?

그야말로 압도적인 결과였다. 당시 내가 해당 클라이언트의 '게임체인저'로서 불릴 정도로 놀라운 성과를 기록했다. 나로 인해 성과를 꾸준하게 내기 시작하면서 해당 클라이언트에 대한 사람들의 관심이 생겼고 부정적인 이미지에서 조금씩 벗어나기 시작했다. 좋은 성과를 내면서 방법과 노하우를 공유하고 난 뒤 나뿐 아니라 우리 팀 한두 명 이상이 더 잘하게 되었고, 곧 지점 전체적으로 해당 클라이언트의 성과가 높아지기 시작했다. 그리고 현재, 사람들은 그 클라이언트를 누구보다 선호하게 되었다. 위기가 기회가 되었던 것이다.

사실 위기를 기회로 보는 사람은 매우 적다. 위기는 언제나 힘들고, 우리의 상황을 어렵게만 한다. 그로 인한 절망으로 사람들은 포기한다. 그러나 주어진 상황이나 사건을 다른 각도나 다른 관점으로 보는 힘이 생긴다면 언제나 문제는 문제가 아니다. 늘 그렇듯 중요한 것은 사건이 아니라 사건을 해석하는 능력이다.

그렇다면 어떻게 해야 다른 관점으로 상황을 달리 보고 긍정적인 결과를 끌어낼 수 있을까? 먼저, [문제=기회]라는 것을 인식하는 것이다. 늘 그렇듯 문제를 문제로만 바라보는 것이 문제다. 우리는 늘 문제를 해결하는 과정에서 성장하고 그에 따른 실력과 능력치 또한 향상된다. 관리자나 매니저, 임원진들 같은 리더들이 더 많은 연봉과 페이를 받는 이유는 그들이 해결할 수 있는 것들이 남들보다 훨씬 더 많기 때문이다. 사람들의 문제를 더 많이 해결할 수 있는 사람들이 더 많은 가치를 인정받는다. 문제 속에 늘 기회가 있다는 것을 기억하며 이를 인식하고 차근차근 맞닥뜨리는 것이 첫 번째 단계다.

그다음으로는 긍정적인 관점으로 대상을 보는 것이다. 위기를 기회로 바꾸는 사람 중 부정적이거나 냉소적인 사람은 없다. 대상이나 사건을 애초부터 부정적으로 보는 사람에게 좋은 것을 볼 수 있는 틈이 있을까? 그런 사람에게는 기회를 발견할 시간이 없다. 지금의 위기 때문에 자신이 힘들어졌다는 것을 감정적으로 토로하고 상황을 타협하는 것으로 시간을 보낸다.

상황이 어렵고 힘들더라도 분명히 그 가운데 긍정적인 것을 찾을 수 있다. 불만스러운 것, 원치 않는 것, 불편한 것, 곤란한 것에 집중하지 말고 이미 갖고 있고, 내가 할 수 있는 것에 집중하며 감사하는 마음으로 내가 컨트롤 할 수 있는 것에 집중해 보자. 그리고 내가 할 수 있는 것에 감사하며 그러한 감정들을 입 밖으로 표현하는 것도 중요하다. 나는 다소 부정적인 사람인데 그럼 기회를 만들기 힘든 것이냐고 반문할 수 있다. 부정적인 사람이라 할지라도 충분히 그에 맞는 노력과 에너지를 쏟는다면 긍정적으로 바뀔 수 있다. 이전에 했던 생각이나 말은 뒤로하고 긍정적인 말이나 행동을 의도적으로 습관화하면 된다.

대부분 사람은 99%가 하는 생각들을 하면서 상위 1%가 되고자 한다. 위기 속에 기회를 찾고 그 안에서 좋은 결과를 내고 싶다면 99%가 다하는 생각이나 행동으로는 어렵다. 승리는 근소한 차이에서 비롯한다. 위기를 언제나 위기로만 보는 것이 문제다. 다시 한번 강조하지만, 우리에게 중요한 것은 일어난 사건이나 위기가 아니라 그 사건을 해석하는 능력인 것이다. 그러한 능력치를 높이기 위해서는 자주 위기에 도전하는 것이 중요하다. 도전으로 실패든 성공이든 경험치와 결과를 얻을 수 있을 것이다.

한참 내 상황이 위기라 느껴질 때 필리핀의 비즈니스 파트너와 연락을 주고받았을 때, 내게 많은 위로와 도전이 된 말을 공유하고 싶다. 위기 속에 있는 당신이 꼭 기억하길 바란다.

You need to believe that things don't happen to you, they happen for you.

모든 일은 그저 일어나는 게 아닌 뜻이 있어서 일어나는 것임을 믿어야 한다.

UP & DOWN, 흔들리지 않는 비즈니스의 비밀

홀어머니 밑에서 자란 두 아들이 어느새 청년이 되었다. 형은 부채를 팔러 떠났고, 아우는 나막신을 팔러 집을 나섰다. 그런데 비가 세차게 내리자 어머니는 부채를 팔고 있는 큰아들의 장사를 걱정했고, 비가 그치고 해가 두둥실 뜨자 이번에는 나막신을 팔고 있는 작은아들의 장사를 걱정하기 시작했다. 이를 지켜보던 이웃집 아주머니가 말했다.

"해가 뜨면 큰아들의 장사가 잘되고, 비가 오면 작은아들의 장사가 잘되니 이렇게 좋은 일이 어디 있나요?"

이 말에 어머니는 깨달음을 얻었다. 비가 와도 좋고, 해가 떠도 좋은 것이라는 생각을 하게 되었고, 결국 모두가 행복해졌다는 이야기다. 이 이야기는 비즈니스와 삶에 중요한 교훈을 준다. 계절이 바뀌면 장사가 잘되는 곳도, 그렇지 않은 곳도 생기기 마련이다. 뜨거운 여름이면 시원한 맥주와 치킨을 파는 가게나 숙박업소가 피서객들로 북적이고, 겨울이 오면 스키장과 따뜻한 음료를 파는 곳이 성황을 이룬다. 이는 장사뿐만 아니라 비즈니스 전반에도 적용된다. 하지만 많은 사람은 자신의 비즈니스가 항상 잘되기를 기대하고 바란다. 이 기대는 마치 부채와 나막신을 걱정하던 어머니처럼 스스로를 불안에 빠뜨리는 일이 될 수 있다. 모든 비즈니스에는 UP & DOWN이 있기 마련이다. 챌린지나 장애물은 비즈니스의 일부이며, 더 나아가 삶의 일부다.

특히 자신만의 비즈니스를 운영하는 사람이라면 이러한 변화를 인정하고 준비하는 태도가 필수적이다. 항상 잘될 수 없다는 사실을 받아들이고, 어려운 상황에 대비한 전략을 미리 마련해야 한다. 즉 최악의 시나리오에 대비해야 하는 것이다. 내가 최연소의 나이로 지점장으로 승진할 수 있었던 이유도, 스타트업을 운영하며 예상치 못한 어려운 상황 속에서도 자리를 지킬 수 있었던 이유도 바로 여기에 있다. 비즈니스의 UP & DOWN을 인정하고, 각각의 상황에서 적절히 대처하는 자세를 취했기 때문이다.

다음으로, 당신의 상황이 좋을 때(UP) 또는 좋지 않을 때(DOWN), 각각의 상황에서 어떻게 더 좋은 결과를 낼 수 있는지에 대해 이야기하려 한다. 이 방법은 지금 당신이 비즈니스를 하고 있거나, 영업

이익의 변동으로 불안을 겪고 있다면 큰 도움이 될 것이다.

먼저 당신의 상황이나 비즈니스가 순조롭게 또는 너무 잘되고 있다면 그다음으로 무엇을 해야 할까? 잘되고 있는데 무슨 준비가 필요한 것인지 반문할 수도 있다. 특히나 잘되고 있을 때 왜 더 주의해야 하는지 사람들은 알고 싶어 하지 않는다. 그래서 사업에 망하거나 힘든 일이 찾아오면 절망하거나 포기할 수밖에 없다.

보통 사람들은 잘될 때 기뻐한다. 어쩌면 당연한 것이다. 하지만 당신이 지금 현재 영업 일을 하거나 비즈니스를 하고 있다면 잘될 때를 경계해야 한다. 그리고 누구보다 부지런히 더 발 빠르게 움직여야 한다. 잘 되고 있으니 두 발 뻗고만 있으면 안 된다는 것이다. 상황이 좋을 때 당신이 기억해야 할 3가지가 있다.

첫 번째,
잘하는 분야에서 정점을 찍고 새로운 분야에 도전하라

먼저 지금 잘하고 있는 것이 있다면 그 분야에서 정점을 찍어보자. 애매하게 하지 말고, 좀 더 노력하여 자기가 잘하는 분야에서 1위를 달성해 보자. 그리고 나서 계속해서 내가 새롭게 도전해야 하는 부분이나 혹은 더 큰 성장을 위한 시도를 해야 한다. 중요한 것은 현상 유지에 만족해서는 안 된다는 것이다. 야후, 다음, 블랙베리, 우리나라 삼보컴퓨터, 코닥 등 한 때 시장을 주름잡았던 기업들이 망한 이유가 무엇이라 생각하는가. 시대에 흐름을 읽지 못하고 새로운 것을 시도하지 못했기 때문이 아닐까. 현상 유지로는 한 단계 더 발전하기 힘들다.

나의 경우 월별 영업 이익 1위를 10개월 동안 연속해서 달성했었다. 그러면서 동시에 판매 실적뿐 아니라 퀄리티 있는 영업력을 증명할 수 있는 CS 부분에서도 인정받기 위한 노력과 그에 따른 수상도 했다. 또 영업 스킬이나 노하우를 지점이나 사람들에게 강의를 통해 제공하며 트레이닝이나 교육적인 능력을 개발하기 위한 노력을 더했다. 세일즈, 트레이닝에 대한 스킬을 더한 결과 영업 팀을 관리할 수 있는 관리자로서의 단계까지 확장해 나갈 수 있었다. 지금 당신이 잘하고 있는 분야가 있다면 그것에 만족하지 말고 내가 할 수 있는 다른 분야에 도전해 보고 당신의 능력을 계속해서 확장하라.

두 번째,

다가올 챌린지(Down)를 예상하고 대비하라

최악의 시나리오를 미리 머릿속에 그리고, 그 일이 실제로 발생했을 때 어떻게 대처할지를 준비하라. 비즈니스나 업무를 진행하는 과정에서 예상되는 최악의 상황은 무엇인지 구체적으로 상상해 보자. 당신이 겪을 수 있는 가장 힘든 상황을 가정하고, 이를 극복하기 위한 전략을 마련해야 한다. 큰 문제가 발생했을 때 패닉에 빠져 그제야 서둘러 대책을 세우려 하면, 상황을 해결하기가 더욱 어려워진다. 미리 최악의 상황을 가정하고 마인드 컨트롤을 하며 그에 맞는 플랜을 준비하는 것이 중요하다.

세일즈를 한다면 고객 확보의 어려움, 고객의 변심으로 인한 계약 취소, 혹은 영업 실적 저하로 인해 재정적 안정성이 위협받을 수 있다. 현장 영업을 한다면 외부 환경 요인으로 필드 활동이 제한될 가능성도 있다. 비즈니스를 운영한다면 사업이 실패로 이어질 가능성을 구체적으로 리스트화하여 각 상황에 대한 대책을 명확히 세워야 한다.

어떤 도전이든 공통적으로 가장 큰 문제는 재정적인 어려움일 가능성이 높다. 이를 대비해, 사업이 잘될 때도 계획 없이 소비하거나 낭비하지 말고 저축 플랜을 세우고 비상 자금을 미리 마련해야 한다. 비즈니스가 어려운 상황에 부닥치더라도 안정적인 재정 기반이 있다면 훨씬 더 안정적으로 문제를 해결하고 상황을 관리할 수 있다.

강조하지만 최악의 상황을 가정하고 이에 대한 대비책을 준비하는 것은 비즈니스 운영과 리스크 관리의 핵심이다. 이렇게 준비한다면, 예상치 못한 어려움이 닥치더라도 흔들림 없이 대처할 수 있다.

세 번째,
항상 겸손해야 한다

잘될 때 고개를 빳빳이 세우며 교만해서는 절대 안 된다. 잘될수록 더욱 겸손하게 배우려는 자세로 임해야 한다. 잘될 때 겸손하지 않고 잘난 척하고 있으면 당신이 어려워질 때 누구도 손을 내밀어 주지 않는다. 잘난 척하지 말자. 벼는 익을수록 고개를 숙인다는 사실을 기억하며 스스로 절제해야 한다.

그렇다면 반대로 내 상황이 어렵고 힘들 때(Down) 어떻게 해야 하는가. 먼저 '5WHY'를 활용하면 좋다. 이 방법은 상황에 대한 문제점을 파악해 보는 것이다.

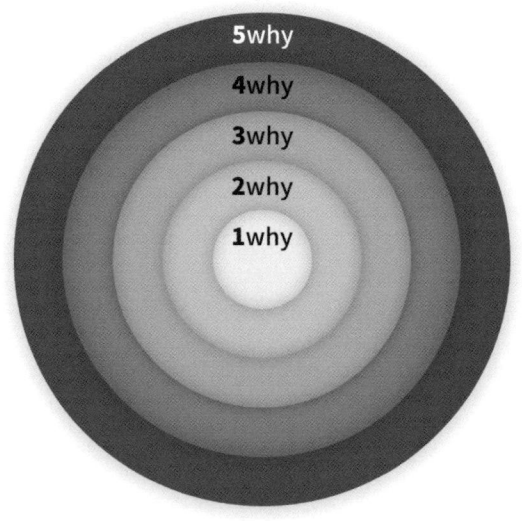

현재 당신이 문제라 생각하는 것을 적어보자. 그리고 5WHY를 통해 깊게 파고 들어가 근본적인 이유가 무엇인지 알아야 한다. 예를 들어 '원하는 목표가 있어도 달성이 안 된다'가 당신이 지금 가지고 있는 문제라 가정해 보자.

> **문제 : 원하는 목표가 있어도 달성하지 못하고 있다.**
>
> **5WHY** 목표를 이루기 위한 행동이나 노력이 크지 않기 때문이다.
> **4WHY** 지금 당장 이루기 어렵다 생각하기 때문이다. 혹은 게으르기 때문이다.
> **3WHY** 진짜 내가 이루고 싶은 목표가 아닌 목표를 세우기 위해 억지로 만든 목표이기 때문이다.
> **2WHY** 남들이 해서 나도 해야 할 것 같은 느낌이기 들기 때문이다.
> **1WHY** 내가 하고 싶은 것이 구체적으로 무엇인지 아직 모르기 때문이다.

이렇게 5WHY를 하다 보면 내가 왜 그것을 이루어야 하는지 강력한 이유가 없기 때문이라는 결론에 이르게 된다. 그렇다면 당신이 해야 하는 것은 내가 당장 이룰 수 있고, 이루고 싶은 게 무엇인지 치열하게 고민하는 것이다. 또한 당신에게 여러 영감이나 조언을 줄 수 있는 사람이나 환경으로 가서 무엇을 하고 싶은지 아이디어를 얻어야 한다. 꼭 비즈니스적으로 접근하지 않아도 개인이 이루고 싶은 것들은 누구나 있다. 개인의 목표나 가지고 싶은 것, 이루고 싶은 한

가지를 생각하여 비즈니스적으로 결부시켜도 문제없다.

자신의 문제가 무엇인지 정확하게 진단하는 것이 문제 해결에 중요한 부분이다. 현재 상황이 어려운 이유가 무엇인지 일단 글로 적어 보는 것만으로도 문제 파악에 도움이 된다. 문제 파악을 했으면 움직여야 한다. 문제가 있으면 즉각 문제 해결을 위한 행동을 하라. 당신이 더 빨리 움직일수록 문제는 더 빠르게 해결될 것이다. 그러려면 당신이 먼저 컴포트 존(Comfort zone)을 깨야 한다. 가장 하고 싶지 않은 것이나 자신에게 익숙하지 않는 것을 하루에 1개씩 해보자.

또한 당신의 행동에 Time frame(timeline)을 두고 상황을 구체적으로 세팅하라. 육하원칙을 활용하여 내가 할 수밖에 없게끔 움직일 수밖에 없는 환경을 만드는 것이 중요하다. 같은 실수를 반복해서는 안 된다. 똑같은 실수가 또 반복되지 않도록 주의해야 한다.

자신의 문제를 파악하고 행동하는 것 다음으로 중요한 것은 바로 중간 점검이다. 일별, 주간별, 월별 등 자신을 체크할 수 있는 도구를 활용하여 지속적으로 행동하고 있는 것과 개선점을 파악해야 한다. 또한 나를 점검할 수 있도록 주변 사람들을 활용하여 보자. 다시 한번 강조하지만 **내 의지만을 믿어서는 안 된다.**

마지막으로 당신의 상황이 어려울 때 기억해야 하는 것은, 앞서 제시한 방법의 사이클을 계속해서 반복하는 것이다. 앞서 언급한 4R(24p)을 활용하자. 구멍이 뚫린 항아리는 물이 새기 마련이다. 구멍을 찾고 막는 과정들을 올바르게 진행한다면 분명 문제는 개선될 것이다. 그러나 문제가 여전히 개선되고 있지 않다면 원인을 제대로 파악 못 했을 수도 있고 이에 따른 행동 또한 적절하지 않았을 수 있다. 여러 시행착오가 있겠지만 이러한 작업을 계속해서 반복하다 보면 어느새 문제가 해결되어 성취 또는 성장한 당신을 발견할 수 있을 것이다.

성공한 사람은 다 이유가 있다. 자신의 상황에 안주하지 않고 늘 준비하고 부지런히 움직인다. 당신의 상황이 좋든 좋지 않든 기억해야 할 것은 결과보다는 이러한 과정을 즐겨보는 것이다. 순간순간 배운 것에 감사하고, 배울 것에 또 감사하며 긍정적인 마인드로 상황을 즐겨보자. 결과에 연연한다면 일희일비하기 쉽다. 과정을 즐기자. 또한 반복되는 상황을 지겨워하지 말고 받아드려라. 좋은 습관과 성공은 지겨운 것을 기꺼이 반복할 수 있을 때 이룰 수 있다.

비즈니스, 영업부터 시작하라

　10년 후, 당신은 어떤 모습으로 살아가고 싶은가? 자신이 원하는 집에서 사랑하는 가족과 원하는 것을 선택하며 사는 삶을 그리거나 혹은 미래를 그리기조차 어려운 막연한 상태일 수도 있다. 중요한 건 이 질문이 당신의 현실을 돌아보게 만든다는 점이다. 우리는 지금 치열한 경쟁과 불확실성이 가득한 시대를 살고 있다. 과거처럼 노력만으로 안정적인 삶을 얻을 수 있는 시대는 이미 끝났다. 그 속에서 경제적 여유를 찾고 자신이 꿈꾸는 미래를 현실로 만들려면 무엇을 해야 할까?

　로버트 기요사키의 저서 《부자 아빠 가난한 아빠》에서 다음의 4가지 분류의 사람들을 볼 수 있다.

고용인(EMPLOYEE)   사업가(BUSINESS OWNER)

자영업자(SELF EMPLOYEE)   투자자(INVESTOR)

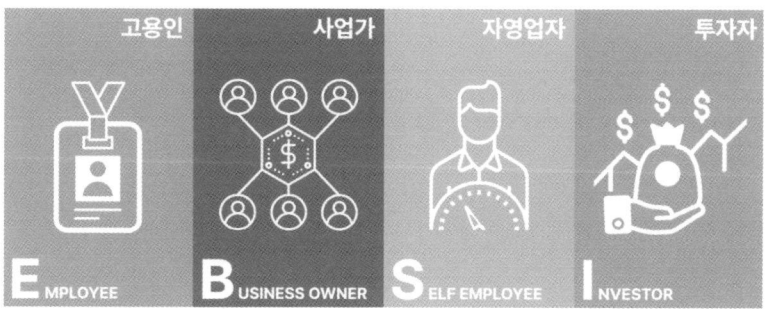

　1, 3번의 유형이 자신의 시간과 그에 따른 노동으로 돈을 버는 사람들이라면, 2, 4번 유형의 사람들은 돈이 돈을 버는 그룹이라는 것을 알 수 있다. 결국 개인의 삶에 여유를 가지기 위해서는 자신만의 비즈니스를 해야 한다. 물론 처음부터 막대한 수익과 이상적인 결과를 기대하기 어렵다. 성공하기 위해서는 시간이 걸리기 마련이기 때문에. 그러나 그러한 시작이 한 살이라도 젊을 때 도전해야 빠른 시행착오를 통해 성공을 이룰 수 있다. 성공하고 싶은 당신이라면 지금 당장 당신의 비즈니스를 시작하라. 그리고 앞서 영업을 배우면 그 시작이 비교적 수월할 것이다.

　나 역시 그 비즈니스의 시작을 밑바닥 필드 영업부터 시작하여 지점을 운영하는 지점장이 되었다. 그리고 현재는 스타트업 '커잇'을 창업하며 영업의 중요성을 절감하고 있다. 창업 초기, 우리와 핏

(Fit)이 맞는 협업사를 발 빠르게 찾고, 우리의 가치를 매력적으로 전달하며 서비스 영역을 확장해 나갔다. 그 결과, 창업 2년 만에 억대 매출을 기록하며 전년도 대비 10배의 성장을 이뤄냈다. 이 모든 것은 단순한 기술이나 행운 덕분이 아니었다. 우리를 선택하게 만드는 영업력, 그것이 핵심이었다.

정부 지원 사업에서 1억 원이 넘는 자금을 유치할 수 있었던 것도 영업력의 연장선이었다. 나 자신이 어떤 사람인지, 우리 회사가 왜 지원을 받아야 하는지, 그리고 그 지원금으로 무엇을 만들어낼 것인지 명확히 전달했다. 서류 하나를 작성할 때도 단순히 글을 쓰는 것이 아니라, 우리의 열정과 비전을 전달하는 데 집중했다. 사람들은 결국 우리의 스토리를 믿었고, 그들이 우리의 성장을 돕는 데 참여하고 싶어지게 했다.

브라이언 트레이시가 《판매의 심리학》에서 말했듯, "성공적인 기업가는 무엇보다도 판매 능력이 뛰어나다." 미국 자수성가 백만장자의 74%가 기업가이고, 그들의 성공 비결이 바로 판매력이었다는 점은 이를 다시금 증명한다.

영업은 단순한 스킬이 아니다. 그것은 곧 사람과의 관계를 맺고, 신뢰를 쌓고, 자신을 증명하는 능력이다. 나와 우리 회사의 가치를 상대방에게 알리고 그들의 필요와 우리의 서비스를 교환하는 과정이것이 바로 영업이다. 특히 빠르게 변화하는 시장에서, 당신의 비즈니스가 살아남으려면 이 능력은 필수적이다.

당신의 비즈니스를 시작하는 것이 막연하고 실패할지도 모른다는 생각에 두려울 수 있다. 많은 사람이 도전하지만 또 많은 실패가 있는 일이 자신만의 비즈니스를 시작하는 일이다. 절대 쉽지만은 않다. 그러므로 가치가 있고 당신의 생활에 여유를 가져다줄 시간과 재정적인 능력이 생기는 것이다. 그러한 과정들을 직접 경험해 보니 쉬운 것은 아니지만 또 못 할 것도 없다. 자신의 인생에 도전할 수 있고, 흔들리지 않는 목표가 있고, 뜻을 두어 원하는 목표까지 몰입할 수 있는 끈기만 있다면 비즈니스를 경험해 보지 못한 사람이라도 충분히 여러 채널을 통해 방법을 찾아 성공할 수 있다.

'뜻이 있는 곳에 길이 있다(Where there is a will there is a way)'라는 속담이 있다. 중요한 것은 얼마나 많은 스킬과 능력을 갖추고 비즈니스를 하는 것보다 당신이 얼마나 뜻, 의지, 목표를 가지고 있느냐다. 그 부분만 확립되어 있다면 방법을 찾는 것은 생각보다 쉽다.

뜻이 있는 당신에게 도전하고 싶다.
당신의 비즈니스를 하라.

2장

**[돈 관리의 기술]
스스로 금수저가 되어라**

당신의 통장 잔고는 얼마입니까?

지금, 당신의 통장 잔고는 얼마인가. 한 기사에 따르면 20대 청년 4명 중 1명은 한 달에 한 푼도 저축을 하지 못하는 것으로 나타났다. 취업 전선에 뛰어든 대한민국 20대 청년들의 팍팍한 삶을 엿볼 수 있다. 이에 따라 통장은 어느새 텅장으로 변해버리고 새로운 사회에 대한 설렘과 자기 커리어에 대한 마음의 열정과 도전은커녕 현재의 삶조차 버겁기만 한 오늘날의 현실이다. 부모님이 지원해주시고 뒷바라지 해주는 청년은 눈치가 보이긴 해도 그래도 사정이 나은 편이다. 직접 현실과 대면해야 하는 청년들은 스스로 흙수저라 탓하며 오늘을 꾸역꾸역 살아간다.

나 역시도 처음 시작은 앞서 암울한 현실의 청년과 다르지 않았다. 하지만 신세를 한탄하고 싶지 않았다. 그런 현실을 부정하고 탓

한다고 해서 나아질 것은 없기 때문이다. 오히려 지금의 상황을 어떻게 하면 긍정적인 방향으로 끌어갈 수 있는지 고민했다.

뜻이 있는 곳에 길이 있다고 했다. 이 시대를 사는 청년들에게 전하고 싶은 것은 한숨만 쉬고 있지 말자는 것이다. 이러이러한 나의 어려운 환경과 여러 이유 때문에 내 삶은 불행하고 불쌍하다는 그런 변명은 하지 않았으면 좋겠다. 오히려 자신이 처한 환경과 상황을 직시하되 현실과 마주하여 내가 할 수 있는 최선과 방법을 온 힘을 다해 찾아보고 시도해 보는 것은 어떨까. 흙수저라 스스로 불쌍히 여기지 않아도 된다. 방법은 분명히 있다.

생각이 돈이 되는 시대가 되었다. 지금 시대는 자신만의 개성을 살린 콘텐츠로 충분히 많은 돈을 벌 수 있다. 유튜브, 틱톡 크리에이터들은 자신이 생각한 것을 직접 실행으로 옮기고 꾸준히 콘텐츠에 대한 고민과 개발로 많은 사람들과 소통하며 공감대를 형성하고 있다. 과거처럼 특별한 기술이나 재능으로만 큰돈을 버는 것이 아니다. 이제는 자신의 창의적이고 참신한 생각 또는 알고 있는 정보들을 꾸준히 대중들과 공유만 하더라도 일반 월급쟁이 급여 이상, 아니 오히려 생각지도 못한 큰돈을 벌 수 있는 기회가 모두에게 주어진다.

그런 이 시대에 나는 특별한 능력이 없다. 재능이 없다. 나의 현실은 왜 이리 어둡기만 할까? 하는 부정적인 생각과 태도로는 지금 자신이 마주한 현실을 바꿀 수 없다. 우리나라 속담 중에 하늘은 스스로 돕는 자를 돕는다고 했다. 스스로를 불쌍히 여기고 한탄하기만 하는 사람은 절대 하늘의 도움을 받을 수 없다.

자신의 능력 없음을 탓하지 마라. 사람마다 한 가지 이상의 달란트라고 하는 재능과 능력은 반드시 있기 마련이다. 세계적인 베스트셀러인 성경에는 이런 이야기가 있다.

일을 담당하는 3명의 관원에게 주인은 집을 떠나기 전 각 능력에 맞게 당시 화폐의 수단인 달란트를 주었다. 어떤 관원에게는 5달란트를 어떤 관원에게는 3달란트를 또 어떤 관원에게는 1달란트를 주었다. 주인이 돌아왔을 때 각각 5달란트, 3달란트를 받은 사람은 자신의 역량대로 2배 이상의 결실을 내었지만 마지막 한 달란트를 받은 관원은 돈을 잃을까 봐 두려워 받은 1달란트를 땅속에 꽁꽁 묻어 두었다. 주인이 돌아와서 두 관원은 칭찬을 받았지만 1달란트를 받아 땅속에 묻은 관원은 꾸짖으며 그를 내쫓았다.

우리 모두는 분명 신으로부터 각자 분량대로 받은 달란트가 있다. 그 달란트를 자신의 역량대로 어떻게 사용하는지가 중요하다. 스스로 가진 것이 없다고 한탄하기 이전에 내게 주어진 것은 무엇인지 적극적으로 찾아보자. 자신의 달란트를 적극적으로 찾고 스스로 금수저가 되어보자.

먼저 내가 알고 경험한 부분에 대한 공유를 하자면, 스스로 금수저가 되기 위해 현재 시대를 읽고 성공한 사람들의 사례를 관심 있게 살펴보는 것이 중요하다.

차량 공유 서비스를 제공하는 우버(UBER)의 시작은 평소 샌프란시스코의 교통혼잡에 이골이 난 한 IT 벤처기업가가 휴대폰 버튼 하나로 택시를 부를 순 없을까 고민하던 중에 탄생했다. 우버뿐 아니라 숙박을 공유하는 서비스인 에어비앤비도 주변 불편한 환경에 대한 문제의식과 관찰로 탄생했다. 주변의 실제적인 사례뿐 아니라 관심을 두고 성공한 사람들의 첫 출발을 관심 있게 유심히 보다 보면 내게 맞는 적절한 기회를 충분히 잡을 수 있다.

두 번째로 사촌이 땅을 사면 배가 아프다는 말을 좀 다르게 해석해 보면 어떨까. 사촌이 땅을 사면 배 아파하지 말고 물어보고 따라 하라. 주변에 성공한 사례가 있다면 질투와 배 아파하지 말고 어떻게 성공했는지 노하우와 팁들을 적극적으로 물어봐라. 단 하나의 정보라도 얻을 수 있도록 노력하는 것이다. 생각보다 많은 사람들은 부러움과 자존심 때문에 혹은 게으름으로 얻을 수 있는 것들을 놓치는 경우가 더러 있다. 주변에 누군가 성공했다면 모르는 사람보다 훨씬 쉽게 정보를 얻을 수 있고 나 역시 그들로 인해 좋은 기회가 생길 수 있다.

세 번째는 거창한 것 말고 할 수 있는 것을 작은 것부터 일단 시도해 보는 것이다. 고정적인 급여만 꼬박꼬박 받는 월급쟁이로는 금수저 되기란 솔직히 힘들다. 일단 내가 할 수 있는 작은 것부터 시작해 보자. 예를 들어 직장인인데 여행을 좋아한다면 주말에 여행을 하면서 얻는 정보나 지식들을 블로그나 개인 SNS에 공유하는 것부터 시작할 수 있다. 어떤 이는 자신이 좋아하는 와인을 선별해 마시는 것을 동영상으로 찍고 공유하는 것만으로도 많은 유튜브 구독자 수를 만들기도 한다. 의외로 자신의 취미나 자신이 좋아하는 일을 수익으로 바꾼 사례가 많으니 자기 능력과 취미를 살려 시도해 보는 것은 어떨까.

네 번째는 수입원을 다각화하는 것이다. 우리는 투잡뿐 아니라 N잡러들이 많아지고 있는 시대를 살고 있다. 돈이 들어오는 채널을 많이 만들고 확보해야 한다. 그러기 위해서는 수익성 있는 부업을 시작하는 것도 아주 좋은 방법일 수 있다. 부업은 정규직업처럼 많은 시간을 들이지 않아도 되고 하다가 잘 안되면 다른 부업을 시작해도 되니 위험성도 낮다. 최근에는 부업의 종류도 천차만별로 많고 다양하니 인터넷을 통해 자신이 할 수 있는 부업의 종류를 알아보고 시도해 보자.

단순히 근로 노동을 통한 수익으로는 우리가 원하는 여유로운 삶을 기대하기는 쉽지 않다. 20대가 지나고 결혼과 가정을 꾸려 30대로 갈수록 이러한 현실의 무게는 더해져만 간다. 나이가 들면 들수록 그 무게는 가벼워지지 않고 더 무거워질 것이다. 현실만 보면 우리는 부정적일 수밖에 없다. 그러나 현실을 직시하되 꿈과 원하는 삶을 생생하게 그려보자. 다행스럽게도 꿈을 꾸는 것은 대가를 지불하지 않아도 된다.

부자는 사고의 출발점부터 다르다

 부자가 되는 방법에 있어 가장 쉽고도 어려운 것은 생각을 바꾸는 일이다. 다시 말해 우리의 마인드를 부자의 마인드로 먼저 바꿀 수만 있다면 부자가 되는 50%의 방법은 이미 아는 셈인 것이다. 부자의 사전적인 의미는 '재물이 많아 살림이 넉넉한 사람'이다. 반대로 거지의 사전적 정의는 '남에게 빌어먹고 사는 사람'을 뜻하는데, 나는 개념 그대로 돈이 많으면 부자, 돈이 없으면 거지라고 생각하지 않는다. 생각이 가난하면 거지다. 아직은 금전적인 넉넉함을 누리는 부자가 아닐지언정 생각까지 가난하면 절대로 부자가 될 수 없다.

 우리는 부자가 되기에 앞서 가난한 사고방식과 그로 인한 습관을 철저히 버리고 부자 마인드로 먼저 세팅을 해야 한다. 많은 사람이 부자가 될 수 없는 이유, 팍팍하고도 가난한 삶이 계속 이어질 수밖에 없는 이유는 우리가 가난한 생각을 의식적으로든 무의식적으로든 하기 때문이다. 부자가 될 수 없다고 생각하는데 부자가 될 방법을 찾기는 더더욱 어렵다. 마인드까지 가난하지 말자!

물론 당장 생각을 바꾼다고 해서 바로 부자가 되는 것은 아니다. 부자가 된다는 것은 내가 일을 하지 않아도 많은 돈을 벌고 있다는 것이다. 돈을 많이 버는 것도 중요하지만 먼저는 많은 돈을 담을 수 있는 그릇이 되어야 한다. 자신의 그릇 크기에 따라 들어오는 돈도 달라지기 때문이다. 많은 돈을 담을 수 있는 그릇이 되기 위해 먼저 관리와 절제가 필요하다. 돈을 많이 벌 수 있는 능력을 기르기에 앞서 돈을 관리할 수 있는 능력을 갖추어야 하는 것이다. 이 부분은 부자가 되기 위한 아주 기본적인 준비다.

20대는 사회 경제 활동을 처음 하는 시기이기 때문에 아무래도 시행착오가 많을 것이다. 20대에 많은 돈을 벌 수 있는 능력을 갖는 것도 좋지만 그것보다 앞서 돈을 관리할 수 있는 능력을 먼저 길러야 한다. 그리고 다음의 단계들을 실천할 수 있다면 돈을 담을 수 있는 아주 넓은 그릇이 되는데 도움이 될 것이다.

1단계 : 당신의 BEP를 점검하라!

BEP는 Break Even Point로 '손익분기점'을 말한다. 손익분기점이란 경제 한 기간의 매출액이 당해 기간의 총비용과 일치하는 점을 뜻한다. 비용을 회수하는 데 필요한 매출액을 의미하며, 매출액이 이 점을 넘으면 이익이 생긴다. 손익분기점을 넘어 이익을 만들려면 지출이 되는 비용을 먼저 파악해야 한다. 나의 수익은 고정되어 있는데 지출이 수익만큼 같거나 오히려 초과하게 되면 돈을 모을 수 없고, 재정 관리가 어려워 생활이 힘들어진다. 구멍이 뚫린 그릇이 되지 않으려면 내 그릇에서 새는 곳은 어디인지 명확히 알아야 한다. 그래야 막을 수 있다.

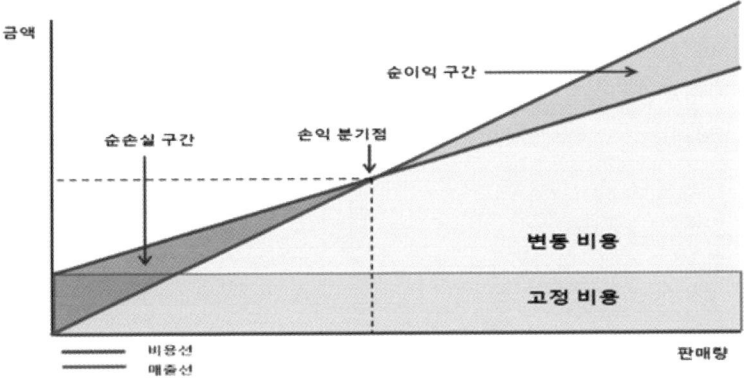

세일즈는 흔히 안정적이지 않다는 이유로 사람들에게 부정적인 인식을 주곤 한다. 하지만 세일즈 일을 하면서도 나는 내 수입이 고정적이지 않음에도 불구하고 불안정하다고 느낀 적이 없었다. 실제로 경제적으로 힘든 상황도 없었고, 오히려 여유로운 생활을 유지할 수 있었다. 그 이유는 바로 BEP 관리 덕분이었다. 나는 생활에 필요한 고정 지출이 얼마인지, 그리고 이를 넘어 내 재정을 건강하게 유지하기 위해 추가로 필요한 수입이 얼마인지를 명확히 파악했다. 이렇게 필요한 금액을 계산한 후, 그 목표를 채울 수 있도록 계획적으로 일을 진행했다. 이것이 내가 안정감을 느끼며 세일즈 일을 지속할 수 있었던 핵심이었다.

하지만 세일즈 일을 하면서 자신의 재정을 제대로 관리하지 못하고, 세일즈는 안정적이지 않다며 포기한 사례를 많이 보았다. 이들의 공통적인 문제는 바로 BEP 관리조차 하지 않았던 점이었다. 다음 실제 사례를 통해 BEP 관리의 중요성을 확인할 수 있다.

#사례 1

L 씨는 BEP가 뭔지는 들어서 알지만 교육으로만 듣고 자신에게 적용하지 않았다. 페이가 주급으로 들어오기 때문에 일단 필요한 곳(식비, 카드비, 오락비)에 먼저 돈을 쓴다. 점심뿐 아니라 저녁도 사 먹고 하루에 커피도 최소 한잔 이상씩 마신다. 주중에 2회 이상은 팀원들이나 친구들과 만나 노는 시간을 즐긴다. 이모티콘, 커피 정도 사는 적은 돈은 나를 행복하게 해주는 요소이기 때문에 기꺼이 쓴다. 꾸준히 세일즈를 통해 결과는 얻는 편이다. 오히려 최선을 다해 일한 결과로 평균 그 이상을 벌 때도 있다. 저축은 남는 돈이 있을 때 하는 편이고, 현재까지 모아둔 돈은 없다. 세일즈가 안되고

텅장이 될 때 현타가 온다.

#사례 2

J 씨는 세일즈 회사에 들어온 지 한 달 만에 연 천만 원 모으는 정기 적금을 은행에서 들었다. 달에 85만 원이라는 적금을 들기 위해서는 한 주에 적어도 25만 원씩은 저축해야 하는데 최소 생활비와 적금 비용을 충당하기 위해 주에 필요한 세일즈 타깃을 구체적으로 목표로 잡았다. J 씨는 주에 100만 원씩 자유 적금을 한다는 사람의 강의를 듣고 최대한 많은 저축을 하기 위해 목표하는 세일즈 개수를 달성했다. 적금을 위해 평소 세일즈 보다 추가로 더 한다. 더 많은 돈을 벌기 위해 할 수 있는 회사 내에서의 방법들을 찾아 실천도 했다. 한 주에 10만 원씩 쓸 돈만 따로 빼서 소비했으며 나머지는 저축해서 일 년에 천만 원이 넘는 돈을 적금하였다. 세일즈가 안 나올 때가 금전적인 부분으로 조급해하지 않을 수 있었다.

자신의 BEP를 점검하는 것이 새는 돈을 막기 위한 아주 중요한 첫 번째 단계다. 내가 고정적으로 지출하는 수익을 카드 명세서나 은행 어플로 우선 파악하라. 고정 지출 금액은 얼마인지, 또 그 외적으로 기분 내키는 대로 쓰고 있는 '방앗간 지출'은 얼마인지 파악하라.

2단계 : 카드 분리 기법

그다음으로 카드 2장을 준비하라. 고정 지출을 파악했다면 한 주에 혹은 한 달에 필요한 생활비를 설정해야 한다. 그러고 나서 급여 통장이 아닌 생활비 통장의 카드를 따로 준비하라. 예산(budget)을 설정하고 나서 지출할 카드에 일정 금액을 넣어 두자. 나는 교통비, 점심, 간식값을 따로 계산해서 일주일 5일 기준으로 필요한 돈을 생활비 카드에 넣어 두었다. 때로는 생일 선물이나 생각지 못한 지출이 있어 설정해 둔 예산이 초과할 때도 있다. 그때마다 조금씩 필요한 금액만 추가로 생활비 카드로 돈을 송금했다.

3단계 : 목표 저축 금액 정하기

1단계 2단계까지 했다면 그다음은 목표로 하는 저축 금액을 설정하는 것이다. 예를 들어 1년에 천만 원 저축하는 것이 목표라 한다면 목표에 맞는 필요한 액션을 바로 취하는 것이다. 1년에 천만 원을 모으려면 1달에 필요한 금액은 약 85만 원 한 주에는 22만 원 정도이다. 꼭 천만 원일 필요는 없다. 각자 목표에 맞는 저축 금액을 설정하여 그에 필요한 적금을 들어라. 요즘은 핸드폰에 있는 은행 애플리케이션을 통해 여러 상품을 간편하게 보고 몇 번의 터치로 누구나 쉽게 적금을 신청할 수 있다. 은행 금리가 낮은 시기에 은행 적금이 적절한지 의문이 있을 수 있다. 은행 이자로 돈을 더 많이 벌기 위함이 아니라 이 시기는 나를 컨트롤 하는 법을 먼저 익히는 것이다. 이 단계에서 기억할 것은 남는 돈을 저축하는 것이 아니라 저축하고 남는 돈을 쓰는 것이다.

4단계 : 8% 이율의 비법

은행 금리가 낮아 저축만으로 추가적인 돈을 기대하기가 어렵다면 당신의 습관을 조금 바꿔 수익을 높이는 방법이 있다. 1단계 때 나의 BEP와 나의 방앗간 지출을 먼저 파악했다면 나의 소비 패턴이나 컨트롤할 수 있는 지출 내역을 알 수 있을 것이다. 예를 들어 편의점을 일주일에 5번 이상을 갈 때도 있고, 커피를 하루에 2잔씩 매일 마실 때도 있을 것이다. 또한 간식을 끼니처럼 사서 먹거나 기타 기분이 좋을 때나 나쁠 때 소비로 이루어진 경우도 지출 내역을 통해 알 수 있다. 그러한 돈들을 파악한 후 의식적으로 소비할 때 떠올려 썼다 치고 세이빙하라. 매번 그럴 수는 없어도 일주일에 커피 10잔이라면 5잔으로 편의점을 일주일 5번 갔다면 3번으로 횟수를 줄이는 것이다. 이것만으로도 은행 금리 이상의 이율로 돈을 저축할 수 있다. 이러한 나의 지출들을 계산해 보면 내 수익의 최대

8%까지 아낄 수 있다. 나의 지출과 습관을 바꾸는 것만으로도 8%의 은행 이율로 돈을 번 셈이 되는 것이다.

여러분은 소비에 유능한가, 저축에 유능한가. 적은 돈을 관리하는 방법에 유능하지 않으면 경제적으로 무능하게 된다. 가난한 생각이 우리를 가난하게 만들고 그로 인한 우리의 행동이 부자가 되는 길을 방해 한다. 생각과 방법을 바꾸면 누구나 부자가 될 수 있다.

돈에 대한 관점을 180도 바꿔라

부자인 사람은 부자일 수밖에 없는 이유가 있고, 가난한 사람은 가난한 이유가 있다. 가난한 사람들에게는 공통점이 있다. 바로 생생한 꿈이 없는 것이다. 꿈이 있다고 해도 그랬으면 좋겠다는 단순한 바람뿐이다.

70대가 넘어서도 생생하게 꿈꾸고 원하는 것을 이뤄 부호의 삶을 살고 있는 사토 도미오는 그의 책 《지금 당장 롤렉스 시계를 사라》에서 '부자가 되는 일'이 어려운 것이 아니라 '부자가 될 것을 믿고 의심하지 않는 일'이 더 어렵다고 말한다. 실제로 자신이 부자가 된다는 사실을 믿는 것 자체가 부자가 되는 것보다 더 어렵다.

부자가 되고 싶은 당신이라면 당신이 부자가 된다는 사실을 의심하지 마라. '아이의 마음'으로 그린 꿈을 믿고 의심하지 않으면 설령 그 꿈이 당장에 이루어지지 않더라도 그 꿈을 놓지 않고 강렬히 원한다면 시기가 언제가 되든 끝내는 이루어지는 법이다. 강렬하고 생생한 꿈을 꿔서 꿈이 당신을 위해 움직이도록 하자. 기왕이면 구체적일수록 그 꿈은 더욱 빠르게 이루어질 것이다.

단순히 '나는 부자가 될 거야'가 아닌 '나는 강남에 1층에는 스타벅스가 있는 7층짜리 건물의 건물주가 될 거야' '나는 30대 중반에 게스트하우스가 가능한 큰 집을 지을 거야'라고 디테일하게 상상하라.

처음 세일즈 회사에 들어갔을 때 나는 단순히 세일즈만 배우는 것에 목적을 두지 않았다. 추후에 내가 창업하는 데 필요한 능력들을 배우기 위해 밑바닥부터 차근차근 배우기로 결심하며 일을 시작했다. 그리고 그때 당시 아무것도 몰랐던 나에게 영감을 주었던 강의나 책들은 하나같이 생생하고 디테일하게 꿈꾸고 원하라고 말했다. 그때 꿈꿨던 것이 현재 일하는 외국계 세일즈 마케팅 기업에서 26세에 최연소 여성 지점장이 되는 것이었다. 지점장이 되면 중소기업 사장과 견줄 수 있는 더 많은 페이를 받을 수 있다. 그리고 그 돈 중 천만 원은 엄마에게 드리고 싶었고, 일 년에 7번 이상은 비용을 아끼지 않고 여행할 수 있는 자금을 벌기를 꿈꿨다. 그리고 그 모든 것이 실현되었다. 놀라웠다.

내가 꿈꾸고 강렬히 바라는 것만으로도 꿈은 나를 움직이게 한다. 커리어를 쌓고 일을 하는 동안 쉽지 않은 일련의 시간이 있었지만, 그때마다 계속 나아갈 수 있었던 이유는 나에게 흔들리지 않은 생생한 꿈과 목표가 있었기 때문이다. 당신이 원하는 것을 찾고, 그것을 생생하게 꿈꿔라.

다음으로 주목할 점은 바로 '돈을 사랑하는 것'이다. 부자들이 쓴 책을 읽다 보면 처음에는 이해하기 어려운 말 중 하나가 바로 이 표현이었다. 돈을 사랑하라는 말은 자칫 속물처럼 보이거나, 돈만 밝히는 사람처럼 느껴질 수 있기 때문이다. 이는 우리나라를 포함한 동양 문화권에서 '청빈(淸貧)'을 미덕으로 여겨온 전통과 상충되기 때문일 것이다. 그러나 부자들의 이야기를 들어보면, 돈은 자신을 사랑하는 사람을 사랑한다고 말한다. 돈에 대해 부정적인 이미지를 가지고 거부하면서, 돈이 그 사람을 따를 리 없다는 것이다. 결국 부자들이 말하는 돈을 사랑한다는 것은 단순히 물질에 집착한다는 의미가 아니라, 돈을 긍정적으로 받아들이고 이를 통해 삶의 가능성을 확장하려는 태도가 아닐까?

"부자가 되고 싶어 하는 것은 조금도 나쁜 일이 아니다. 돈 자체를 위해서 돈을 가지고 싶어 해서는 안 되지만 더욱 부유하고 완벽한 인생을 살기 위해 부자가 되고 싶어 하는 것은 칭찬할 만하다." 월러스 월터스가 쓴 책 《부의 비밀 the science of getting rich》에 나오는 내용이다.

앞으로는 돈에 대한 관점을 180도 바꿔라. 그간 돈을 사랑하는 것. 좋아하는 것에 대해 불편한 마음이 있었다면 과감히 버리고 돈을 사랑해도 좋다. '먹고 살 수 있는 정도 벌면 되지' '세상은 돈이 전부가 아니야'라는 말을 굳이 꺼내지 마라. 돈을 바라보는데 부정적인 이미지를 거두고 좋은 이미지를 가질 수 있도록 마음을 활짝 여는 것이 중요하다. 사랑하는 사람을 생각했을 때의 설렘과 두근거림처럼 기분 좋은 마음으로 돈 이야기를 꺼내보자. 자꾸자꾸 해보는 것이 중요하다. 돈에 대한 긍정적인 생각과 적극적인 마인드가 당신을 부자로 이끄는데 좋은 연료가 되어줄 것이다.

마지막으로 원하는 것을 계속해서 업그레이드하는 것이다. 부자들은 하나를 성취하고 얻는 것에 만족하지 않는다. 끊임없이 새로운 것을 원하고 성취한다. 자신이 원하는 꿈이나 목표를 이루기 위해 기꺼이 시간과 돈을 투자한다.

인간의 뇌는 '가지고 싶다'고 생각한 대상을 끌어들이도록 체계화되어 있다. '가지고 싶다'는 욕구는 인간의 가장 원시적인 부분으로서 인간의 '근원적인 욕구'이다. 계속해서 이러한 욕구를 자극하는 대상을 발견한다면 우리들의 뇌는 이러한 목적을 달성하고자 실현하려고 할 것이다. 그리고 그러한 욕구에 따라 움직이게 된다.

부자가 되었기 때문에 고급 승용차나 멋진 집을 사는 것이 아니라, 멋진 집이나 고급 승용차를 타고 싶기 때문에 그에 걸맞은 욕망에 따라 그것을 살 수 있는 부자가 되는 것이다. 이러한 원리를 먼저 깨쳐야 한다. 그러고 나서 그러한 욕망에 필요한 투자들을 기꺼이 해야 한다. 부자들은 원하는 목표를 위해 끊임없이 움직인다. 먼저 나를 두근거리게 하는 작은 것부터 성취해 보자.

부자가 되는 생각은 지속해서 연습이 필요하다. 운이 좋다고 말해야 운이 좋아지는 것처럼 부자가 되고 싶은 마음을 가지고 의식적이든 무의식적이든 부자들의 사고나 습관을 닮아가기 위한 노력과 연습이 필요하다. 습관이 바뀌면 행동이 바뀌고 행동이 바뀌면 인생이 바뀐다는 것을 우린 이미 너무도 잘 알고 있다.

내 몸값을 두 배로 높이는 방법

어느 집에 수도가 고장이 나 물이 계속 새는 바람에 집주인이 배관 수리공을 불렀다. 배관 수리공은 이리저리 둘러보더니 간단한 연장으로 연결된 파이프를 통통 쳤다. 그리고 이내 10분도 안 돼서 뚝딱 고쳤다. 그리고 나선 집주인에게 명세서를 주었다. 집주인이 그 명세서를 보더니 놀라서 물었다.

"특별한 연장도 없이 배관을 몇 차례 친 게 다인데 수리 금액이 100만 원이나 하다니요. 너무 비싼 거 아닙니까?"

수리공이 대답했다.

"고치는데 들어간 실질적인 수리 비용은 만 원 밖에 많이 들지 않았지만 어디가 고장이 난지를 알기까지의 경험과 노하우는 99만 원 이상이니 그 금액이 나올 수밖에요."

"Problem solver makes a money."

문제를 고칠 수 있는 사람이 돈을 번다는 사례를 보여주는 아주 좋은 예시다. 남들이 잘하지 못하는 것을 할 수 있다면, 즉 가치가 높아진다면 나의 몸값은 자연히 올라가기 마련이다.

사람들은 퀄리티 있는 것을 선호한다. 그리고 그 퀄리티는 가치와 연결된다. 소고기를 먹는다면 무한 리필 소고기와 특A+ 한우 중 무엇을 선택하겠는가. 모텔에 묵을 것인가 아니면 싱가포르에 있는 마리아나 베이 샌즈 호텔처럼 퀄리티 있는 곳에 숙박할 것인가. 당신은 자기 자신을 가치가 있는 사람으로 만들 것인가 아니면 현재 자신의 수준에 머물러 있을 것인가. 당신은 얼마를 받을 수 있는 값어치의 사람인가.

사람들이 퀄리티 있고 가치 있는 것을 찾는 것처럼 다른 사람들이 다 할 수 있는 것만으로는 부족하다. 그러므로 현재 내가 할 수 있는 것을 파악하고 보다 더 나의 가치를 높일 수 있는 방법을 찾아 끊임없이 자기 자신을 업그레이드해야 한다. 애플에서 파는 아이폰이든 삼성에서 파는 갤럭시 폰이든 사람들은 계속해서 업그레이드 된 버전을 좋아하고 찾는다. 물건도 그런데 하물며 그 물건을 사는 사람은 어떠하겠는가. 계속해서 새로운 버전으로 자신을 버전 업(version-up)해야 한다.

몸값을 올리기 위해서는 먼저 무엇보다 자기 자신에 대한 파악이 필수다. 내가 잘하고 있는 것이 무엇인지 알고 증명하는 작업이 필요하다. 내가 세일즈를 시작했던 이유 중 하나는 내 가치를 내가 정하고 싶었기 때문이다. 나는 얼마를 받을 수 있는 사람인지 스스로 알고 싶었다. 생각해 보면 일반적으로 우리가 받게 되는 페이는 항상 정해져 있었다. 회사가 정해놓은 급여에서 내가 이 정도면 되겠다 하는 수준에 늘 맞춘다. 일반 회사에서 나의 값어치를 일방적으로 정하고 평가한다. 나는 연봉 2,400만 원 혹은 3,000만 원짜리가 아닌 내 연봉을 내가 스스로 정하고 싶었다. 그런 의미에서 세일즈는 나의 값어치를 알 수 있는데 좋은 채널이 되었다. 내가 하는 만큼 내가 할 수 있는 능력만큼 벌 수 있으니까.

세일즈로 내가 잘하는 것을 찾고 그걸 증명하는 과정을 거치며 대학 졸업 후 25살에 연봉 4,800만 원을 받을 수 있었고, 26살에는 연봉 6,500만 원, 27살에는 1억 연봉에 해당하는 페이를 받을 수 있었다.

물론 영업 일을 하면서만 받았던 페이는 아니었다. 세일즈를 병행하면서 내가 잘할 수 있는 것을 더 적극적으로 찾아나갔다. 외국계 회사이다 보니 영어와 중국어 스피킹 실력을 늘렸다. 말을 많이 하는 일이다 보니 스피치 실력을 쌓아가고, 누군가를 코칭하고 트레이닝하는 스킬들을 책과 각종 세미나, 강연 참석으로 공부했다. 또한 이론을 바탕으로 실제적인 경험을 하면서 나의 몸값을 두 배 이상 늘리는 작업을 했다. 그 결과 세일즈라는 영역뿐 아니라 트레이닝, 사람들을 채용하는 리쿠르팅 분야와 사람들을 관리하고 소통하는 매니지먼트 단계들로 능력을 확장할 수 있었다.

처음부터 이런 능력이 있었던 것은 아니다. 자신이 잘하는 것과 나에게 부족한 것이나 개선하고 싶은 것을 객관적으로 찾으려 노력했다. 그리고 내게 주어진 능력들을 토대로 개발시켜 나갔다. 부족한 것을 개선해 나가며 잘하는 것을 확장하는 것이다.

나의 몸값을 높이는 빠질 수 없는 또 다른 중요한 방법은 'GET ALONG WITH RIGHT PEOPLE(적절한, 좋은 사람과 어울리기)'이다. 즉, 퀄리티 좋은 사람들과 함께하는 것이다. 나와 가장 많은 시간을 보내는 5명의 평균값이 나라는 사실을 기억하라. 직장이든 내 지인이든 내 주변에 있는 사람들의 수준은 나와 다르지 않을 것이다.

우리는 영향을 주고받는 인간이기 때문에 누구와 함께 어울리는지에 따라 무의식적으로 영향을 받게 된다. 뇌에는 신경언어학 용어로 흉내 내기(mirroring) 기능이 있어서 무의식적으로 흉내를 내게 되는 경향이 있다고 한다. 웃을 때 함께 웃을 수 있고 슬플 때 함께 눈물을 흘릴 수 있으며 감정뿐 아니라 행동과 생각도 따라 할 수 있다. 좋아하는 사람이나 닮고 싶은 사람을 보며 그 사람의 말투와 행동, 가치관까지 닮아 어느새 비슷한 말과 행동 생각을 하게 될 때를 자주 볼 수 있다. 그러므로 나의 수준을 더욱 높여주는 환경 및 사람과 함께 할수록 나의 수준과 가치는 그들과 동일하게 닮아가며 그로 인해 우리는 높게 평가될 수 있다. 누구와 어울리는지에 따라서 인생이 크게 바뀐다는 사실을 명심해야 한다.

당신이 부자가 되지 못하는 진짜 이유

나는 종종 세계 부자 순위를 찾아보곤 한다. 세계 부자가 아니더라도 책이나 온라인의 여러 채널을 통해 부자가 된 사람들의 이야기를 즐겨 본다. 그리고 나서 주위를 둘러보면 부자는 부자일 수밖에 없는 이유가 있고, 가난한 사람은 가난한 이유가 있는 것을 발견할 수 있다. 그들에게는 각각 공통점이 있다.

당신이 부자가 되지 못하는 진짜 이유 중 하나는 한계를 짓기 때문이다. 가난한 사람들은 공통적인 생각과 말을 한다. 바로 안될 것을 먼저 생각하는 것이다.

'나는 여유가 없어.'

'하고 싶은 것이 있어도 돈이 없어'.

'돈은 먹고 살 수 있을 정도만 벌 수 있으면 됐지, 뭐.'

'세상은 돈이 전부가 아니지.'

가난한 사람이 하는 말과 생각은 하나같이 자신과 돈에 대해 부정적이고 제한적이다. 돈 걱정만 하는 사람은 부유해지지 않는다. 돈이 없다는 생각을 떠올리면 뇌는 '이 사람은 돈이 없는 것을 원하고 있다'라는 잘못된 정보를 입력해 버린다. 돈에 대해 부정적이고 제한을 두는 사람이 부자가 될 수 없는 이유는 이러한 뇌의 원리가 작용하기 때문이다. 그들은 돈을 보는 시야도 좁다. '△△해서 이것을 잃으면 어떡하지.' 생각하며 잃을 것에 대한 두려움이 더 크다. 안정적인 것에 대한 중요도가 높다.

반면에 부자들은 이와 다르다. 그들은 '난 여유가 없어' 대신 '어떻게 하면 그런 여유를 마련할 수 있을까?' '무언가를 배우는 데 500만 원이 필요하다면 그 돈을 어떻게 마련할 수 있을까?'라고 생각한다. 무엇을 잘 못한다면 어떻게 하면 더 잘할 수 있을까? 더 잘할 방법은 뭐가 있을까를 먼저 생각하고 행동한다. 찾기만 하면 방법은 얼마든지 생길 수 있다.

나는 500만 원은 비싸다고 포기하는 사람인가. 어떻게 500만 원의 비용을 마련할 수 있을지 방법을 생각하는 사람인가. 후자라면 지출한 비용은 절대 그냥 새지 않는다. 투자한 돈의 기회비용 때문이라도 단순히 날리지 못한다. 그 돈은 결국 어떤 방법으로든 다시 나를 따라오게 되어있다. 부자들의 사고방식은 단순히 돈을 쓰는 것이 아니라, 그것을 미래를 위한 투자로 바라보는 관점의 차이에서 비롯된다.

가난한 사람에게는 뚜렷한 목표가 없다. 꿈이 없고 가슴이 두근대는 무엇인가가 없다. '두근거림'이란 굉장히 강력한 힘이다. 그 두근거림은 나를 움직이게 만든다. 예를 들어 나를 두근대게 하는 이성이 있을 때 이성의 마음을 얻기 위하여 우리는 평소와 다른 에너지를 얻고 때로는 미친 사람처럼 행동을 하기도 한다. 두근거림이 나를 행동으로 이끄는 것이다. 이처럼 두근대는 목표를 찾는 것이 중요한 이유는 나를 행동으로 이끌 수 있는 원동력이 되기 때문이다. 하고 싶은 것이 없다면 무엇인가를 이룰 수 없다. 가슴 뛰는 목표가 없다면 계속해서 찾는 것을 시도해야 한다.

목표가 있는데도 불구하고 여전히 목표가 이루어지지 않고 그대로 멈춰 있다면 행동하지 않기 때문이다. 아무것도 하지 않으면 아무 일도 일어나지 않는다. 이루고 싶은 목표를 위해서 많은 것을 한꺼번에 시작할 필요가 없다. 복잡하게 생각할 것 없이 단순히 내가 할 수 있는 가장 작은 것, 오늘 당장 실천할 수 있는 한 가지를 결단하며 실행으로 옮기면 된다. 장기적인 목표를 달성하기 위한 단기

적 목표를 설정한 후 성취하라. 그렇게 단계별로 성취하는 습관을 갖는다면 최종적으로 이루고 싶은 꿈을 이룰 수 있다.

당신이 부자가 되지 못하는 진짜 이유 중 또 다른 이유는 바로 자신에게 투자하지 않기 때문이다. 가난한 사람은 공통으로 배움을 멀리하는 사람들이다. 그들이 알고 있는 정보는 제한적이며, 한계가 있다. 더 이상 발전이 없는 것이다. 성장하고 싶어도 성장을 위한 투자를 자꾸만 뒤로 미룬다. 가난한 사람은 돈도 없거니와 돈에 대해 더 알려고 하지 않는다.

반면에 부자는 돈에 관한 공부를 계속해서 한다. 우리는 가정에서든 학교에서든 돈에 관한 공부를 국어, 영어, 수학 메인 과목처럼 공부해 본 적이 없다. 경제에 대한 지식은 학교에서 선택 사항이지 필수 사항이 아니다. 이에 따라 대부분 사람은 돈, 금융, 자본주의 등과 같은 지식에 대한 결핍이 있다. 부자가 되려면 먼저 돈에 관한 공부가 필수이며, 그 이외에도 필요한 공부와 배움을 게을리해서는 안 된다.

어느 조사에서는 연 수입이 1억 원 이상인 사람 중 78퍼센트가 지속적으로 공부하는 습관이 있다는 결과가 나왔다. 돈을 많이 버는 사람들의 대다수는 나름의 공부 습관을 갖고 있다는 것이다.

《왜 그런지 돈을 끌어당기는 여자의 39가지 습관》의 저자 와타나베 가오루 또한 그의 저서에서 공부의 양과 연 수입은 비례한다고 말했다. 천만 원이 넘는 비용을 지불하여 각종 세미나에 참석하고, 자격증을 따고, 책들을 읽으며 자신의 배움을 위해 기꺼이 투자했다. 그러한 일련의 과정들을 통해 돈을 버는 아이디어나 인맥으로 연결되고 그 덕에 수입도 많아져 간다고 했다.

중요한 것은 배우는 것으로만 끝내서는 안 된다는 것이다. 그 배움을 통해 적용하는 시간이 반드시 필요하다. 무엇부터 배워야 할지 모르겠다면 내가 좋아하는 것부터 혹은 지금 종사하고 있는 분야나 관련 영역부터 시작해 보자. 좋아하는 것이 돈을 버는 일과 직업으로 연결되기 훨씬 쉽다. 그러한 사례는 주위에서도 인터넷에서도 아주 흔하게 볼 수 있다.

요즘 시대는 특히 좋아하는 것이나 자신이 잘하는 것을 여러 채널을 통해 아주 손쉽게 공유할 수 있다. 이렇게 내가 책을 쓰는 이유도 조금이라도 필요한 사람에게 도움을 주고 싶을 뿐 아니라 내가 배운 것과 아는 것을 함께 적용하는 단계를 거치고 있기 때문이다. 결과가 어떻든 적용시킨 결과에서 교훈을 몸소 얻었다면 비로소 지혜가 된다.

당신의 주변에도 분명 자신에게 투자를 해서 성공한 사람이 있을 것이다. 없다면 앞서 이야기한 것처럼 책이나 인터넷을 통해 유심히 그런 사람들을 살펴보며 간접적으로라도 접근하라. 그러한 접근만으로도 당신의 인생이 바뀔 수 있다.

부자들은 돈보다 운을 번다

어느 기자가 세계적인 부자 빌 게이츠와의 인터뷰에서 이런 질문을 한 적이 있다. "세계에서 부자가 될 수 있었던 가장 큰 이유가 무엇이었나요?" 빌 게이츠는 답변했다. "저는 운이 좋았습니다."

누군가에게는 이런 그의 답변이 어쩐지 불편할 수도 있을 것 같다. 그럼 나는 운이 나빠서 부자가 아닌 건가 싶기도 하고, 괜히 알려주기 싫어서 그런 것이 아닌가 싶기도 하는 생각이 들지도 모르겠다. 사실 나 역시 운에 대한 비밀을 알기 전에는 저렇게 삐뚤게만 생각했었다.

성공한 사람들에게 부자가 된 이유를 물어보면 하나 같이 '운(Lucky)'에 관한 얘기가 빠지지 않는다. 그리고 주변을 둘러봐도 실력이 있어도 성공하지 못하는 사람이 많고, 반대로 실력은 별론데

운이 따라 크게 성공하는 사람이 있다. 이런 걸 보면 부자와 운의 상관관계가 있긴 있는 것 같다. 그리고 이러한 좋은 운을 끌어당기는 사람에게도 역시 공통점이 있다. 부자들에게는 운이 따른다. 운이 따르는 사람은 그 운이 존재하는 것을 믿는 사람이다. 그리고 운에 관한 얘기를 의식적으로 자주 얘기한다.

지난 45년 동안 주역 연구에 매진하며 주역의 원리를 이용하여 좋은 운을 끌어당기고 운을 경영하는 기술에 관해 책을 쓴 김승호 작가는 그의 책 《돈보다 운을 벌어라》에서 다음과 같이 말한다. "평소에 '운이라는 것이 존재하니 신경을 쓰자'고 마음먹으면 자신도 모르게 운을 끌어당기는 행위를 하게 된다. 경건한 마음과 조심성이 극대화되기 때문이다. '운은 있다'는 생각을 오래 하면 운이 보인다. 실제로 나는 이런 일을 수백, 수천 번도 넘게 경험했다."

30년 이상의 뇌 과학 연구를 통해 집필된 《운이 좋다고 말해야 운이 좋아진다》의 저자 하시가이 고지 또한 운에 대해 다음과 같이 말한다. "주변에 유독 '나는 운이 좋아서 다 할 수 있어' 등의 말을 입에 달고 다니는 사람이 있다면 그 사람은 운이 좋을 확률이 높다. 실제로 '운이 좋게' 태어났다기보다는 상상과 중얼거림으로 운이 좋은 현실을 만들어 내는 것이다. 운이 좋아서 일이 잘 풀리는 상상을 하며 매 순간 '운이 좋다'고 중얼거린다면 뇌는 이를 진짜로 받아들이고, 현실도 그에 맞춰 움직이기 시작한다."

평소 나도 모르게 다음과 같이 말하는 사람은 아닌지 살펴보자.
"이번에도 망했어."
"나는 운이 없어."
"내 비즈니스는 왜 잘 안 풀릴까."
"연애나 결혼 생활이 잘 풀리지 않는다."
"늘 돈이 없네."

이런 말을 늘 생각하고 실제로도 하는 사람들이라면 다음과 같이 중얼거려 보자.
"난 늘 행운이 따라."
"난 행운아야."
"나는 운이 좋은데 앞으로도 더욱 좋은 일들이 많을 거야."

김승호 작가는 "운이란 그것을 생각하는 것만으로도 끌어낼 수 있는 것이다"라고 말했다. 이처럼 운에 대해 인지하고 그 행운이 나에게 깃들 것이라는 걸 믿고 중얼거려 보는 것만으로도 부자가 될 수 있다. 나도 모르는 사이에 좋은 운을 끌어당기고 있을 것이다.

운의 존재에 대해 믿기로 했다면 그다음은 그 좋은 운을 담을 만한 좋은 그릇이 되어야 한다. 즉 준비가 되어야 한다. 운을 연구한 사람들의 말에 따르면 진정한 자신을 모르면 운이 따르지 않고, 나에 대해 많이 알면 알수록 운을 잘 경영할 수 있다고 했다.

꼭 운 때문 아니더라도 자기 자신에 대해 잘 아는 것은 살아가는 데 있어 중요하고 의미 있는 일이다. 어쩌면 지금 시대를 살고 있는 청년들은 자기를 알아가는 것이 매우 어색한 일이 되어버렸다. 자신의 가치관보다는 늘 주변의 눈치를 보는 것에 익숙해져 버렸기 때문이다. 하지만 더 많은 청년이 자신에 대해 알기 위해 다음과 같은 질문에 고민을 해보았으면 좋겠다.

- 나는 무엇을 할 때 행복한 사람인가?
- 나는 무엇을 하고 싶은 사람인가?
- 나는 어떤 사람인가?
- 나는 남에게 어떤 도움을 줄 수 있는 사람인가?
- 내가 고쳐야 할 단점은 무엇인가?

이러한 질문에 답변을 찾는 적극적인 노력과 다양한 경험 및 도전을 하며 진짜 자기 자신이 어떤 사람인지 찾기를 바란다. 지금 우리가 살고 있는 시대는 자신이 어떤 사람인지 삶의 목적은 무엇인지 끊임없이 요구한다. 이 시대를 사는 우리에게 내가 어떤 사람인지를 알고 나는 무엇을 원하는지 분명하게 파악하면서 그것에 초점을 맞추면 자신이 하고 싶은 것을 실현할 수 있다. 왜냐하면 나도 모르는 무의식이 이러한 패턴을 알고 사고나 행동을 자각하여 조정해 나가기 때문이다. 이런 사람에게 운도 따른다.

나는 믿음이라는 것이 얼마나 강력한 힘을 가졌는지 글을 쓰는 이 순간에도 깨닫고 있다. 성공하지 못하는 사람들은 믿음이 없다. 그리고 성공한 사람들이 아무리 이런 이야기를 해도 믿지 않는 사람은 여전히 허무맹랑한 얘기라며 믿지 않는다.

당신은 어떠한가. 이대로 아무것도 바꿀 수 없다고 생각하며 살아갈 것인가, 아니면 속는 셈 치고 한번 믿어보기로 결심하고 다가올 변화를 누리며 살아갈 것인가. 어느 쪽의 인생을 선택할지는 당신에게 달렸다.

3장

[시간 관리의 기술]
하고 싶은 건 다 할 수 있다

당신만 항상 시간이 없다

어느 아침과 다를 것 없는 하루의 시작, 갑자기 나에게 주어진 시간이 24시간, 단 하루뿐이라면 당신은 어떻게 이 시간을 보내겠는가. 각자 자신이 중요한 가치를 두는 순서대로 주어진 시간을 다양하게 쓰겠지만 분명한 것은 어제와는 다른 모양으로 시간을 쓸 것이다. 왜냐면 앞으로 나에게 주어진 시간은 24시간뿐이니까.

위의 상황을 가정할 때 주어진 24시간을 허투루 보내겠다는 사람은 없을 것이다. 시간은 우리에게 늘 주어지는 거로 생각해서 그런지 이런 상황을 가정하지 않고는 시간의 소중함을 아는 사람은 많지 않은 것 같다.

아이폰을 만들어 산업의 혁신을 가져다준 애플의 설립자 故 스티브 잡스는 "인생에서 당신이 가진 유일한 자산은 시간이다"라고 말하며 우리가 가진 시간에 대한 소중함을 강조했다. 또한 마이크로소프트의 설립자이자 Window OS의 창시자인 빌 게이츠는 시간에 대하여 이렇게 말했다. "시간 낭비는 인생 최대의 실수다."

이처럼 우리는 시간에 대해 소중함을 알면서도 일상에서 그 소중함을 깨닫지 못할 때가 많다. 당신은 우리에게 주어진 유일한 자산인 시간을 어떻게 쓰고 있는가. 당신에게 시간은 어떤 존재인가.

취업 포털 사이트인 잡코리아에서 직장인 1,695명을 대상으로 '시간을 체험하는 속도'에 대해 연령별로 설문 조사를 실시한 바가 있다. 살펴보면 20대는 60km, 30대는 69km, 40대는 72km 라고 응답했다. 나이가 많을수록 체감하는 속도가 빨라지는 것이다. 또한 직장인 중 92.3%가 체감하는 시간 속도가 '빠르다'고 답했고, 나머지 7.7%는 '느리다'고 답했다. 체감하는 속도가 '빠르다'고 답한 92.3%의 직장인들은 그 이유에 대해 '이 나이 먹도록 이뤄놓은 것이 없어서(57.3%), '반복되는 일상 때문에(33.9%), '삶에 여유가 없어서(29.0%), '정신없이 바쁜 업무 때문에(24.7%)'라고 답했다. 반면에 '느리다'고 답한 7.7%의 직장인 중 '반복되는 일상 때문에(60.0%)', '주변의 변화가 없어서(46.2%)로 응답한 이유를 꼽았다.

시간은 누구에게나 똑같이 흐른다. 그리고 대부분이 시간에 대해 느끼는 바는 빠르게 흐른다는 점이다. '세월이 참 빠르다'라는 말은 자주 들어봐도 '세월이 참 느리게 간다'라는 말은 어쩐지 어색하다. 우리에게 시간은 아무것도 하지 않아도, 일상이 너무 바빠도 기다려주지 않고 제 갈 길을 가는 늘 야속한 존재다. 그러나 그러한 시간은 부자든 가난한 사람이든, 여자든 남자든 그 누구에게도 공평하게 주어진다.

그러므로 얼마든지 효과적인 시간 관리를 통하여 이런 시간을 각자의 가치대로 의미 있게 쓸 수 있다. 바쁘다는 핑계로 그저 시간에 쫓기는 삶을 이제는 멈춰야 한다. 그러려면 당신에 입에서 입버릇처럼 나오는 '바빠'의 진짜 의미를 구별할 수 있어야 한다.

뭐 때문에 그리 바쁜지, 일 때문에 바쁘다면 낭비하고 있는 시간은 무엇인지, 내 시간을 방해하는 요소는 무엇인지, 내가 누릴 수 있는 시간은 언제인지, 내가 하고 싶은 것은 뭐가 있는지 한번 생각해 보자.

앞선 목록에 관한 이유를 생각해 봤다면 왜 시간 관리가 필요한지도 알 수 있다. 많은 사람이 시간에 쫓기는 삶을 살기 때문에 어떻게 시간 관리를 해야 하는지 모를 때가 많다. 그렇게 어영부영 시간을 보내고 나서야 비로소 후회하는 것이다. 일찌감치 시간에 대한 관념을 바꾸고 자신의 궁극적인 삶에 목표에 맞춰 시간을 관리할 수 있다면 시간을 그저 보내는 사람과의 결과는 분명 다를 것이다.

나 역시 똑같은 시간이 주어졌지만, 업계에서 월등히 높은 성과를 거둘 수 있었던 이유는 다름 아닌 시간 관리 때문이었다. 똑같은 24시간을 사용하면서도 남들과 다른 결과를 내고 삶에 대한 가치를 높일 수 있다.

시간 관리를 잘하면 이처럼 내가 원하는 것을 성취할 수 있는 것뿐 아니라 나아가 자기 관리가 가능하다. 내 시간을 관리하는 것은 나를 컨트롤하고 매니지먼트하는 능력과 연관되어 있기 때문이다. 내가 나인데도 때론 내 맘처럼 생각과 몸이 안 따라 줄 때가 많다. 그러므로 나를 컨트롤 할 수 있는 능력은 엄청난 것이다. 시간 관리를 통해 나를 컨트롤 할 수 있는 능력과 의지를 갖춘다면 더 많은 시간이 확보될 것이고 내가 원하는 다른 영역의 자기 관리 또한 가능해진다.

이처럼 분명한 것은 시간 관리를 통해 얻을 수 있는 것이 실보다 득이 더 많다는 사실이다. 더 이상 누군가에게 쫓기 듯한 삶이 아닌 시간 관리를 통해 자기 삶의 여유를 누릴 수 있는 삶이기를 바란다.

시간 관리는 똑똑하고 특별한 사람만 할 수 있을까? 내 생각은 그렇지 않다. 시간을 잘 관리하는 사람은 시간의 소중함을 아는 사람이다. 그 소중함을 오늘 깨달아 무엇이든 행동으로 지금 옮긴다면 당신의 인생은 분명 달라질 것이다.

시간 관리의 적들

- 게으름
- 미루는 습관
- 당신의 의지
- SNS
- NO PLAN(무계획)
- 지나치게 큰 목표 또는 많은 목표
- 조급함, 실패에 대한 두려움
- 지금 하는 일

이것은 모두 시간 관리를 방해하는 주적이 된다. 시간을 관리하는 데 앞서 중요한 것은 시간 관리를 방해하는 요소들을 제거하는 일이다. 시간 관리를 방해하는 최대 걸림돌은 무엇인가? 자신에게 시간 관리의 가장 큰 장애물은 무엇인지 스스로 물어보고 적어보자. 기록해 보면 자신이 무엇을 최우선으로 극복해야 할지 알게 될 것이다.

시간 관리가 힘든 큰 이유 중 하나는 게으름 때문일 것이다. 왜 우리는 계속 게으른 상태를 유지하며 미루고만 있을까? 아마도 힘들게 일했던 시간에 대한 보상 심리 때문이 아닐까 싶다. '이 정도는 괜찮아. 잘 쉬어야 다시 일할 수 있으니까' 하며 자신과 타협하게 된다. 물론 잘 쉬는 것은 새로운 에너지를 충전하는 차원에서 아주 중요하다. 하지만 원하는 일이 아닌 일을 억지로 하면서 에너지를 소비하고 난 뒤 보상 심리로 무작정 쉬는 것은 의미가 없다. 싫은 시간을 버티면서 주어진 여유 시간을 낭비하는 사이클을 깨야 한다.

또한 하고 싶은 것도 해야 할 것도 딱히 없기 때문에, 즉 목표가 없기 때문이다. 보통 하고 싶은 것이 생기면 에너지와 열정이 생긴다. 그리고 그러한 주체할 수 없는 에너지는 우리를 움직일 수밖에 없다. 하고 싶은 것도 해야 하는 일도 없으니 아무것도 하지 않는 상태에 이르게 된다. 목표가 없으니 무엇인가를 시도할 힘조차 없다.

때로는 목표가 있어도 또 이루지 못할까 두렵기만 하다. 누구든 한 번쯤 목표를 세우고 실패한 경험이 있을 것이다. 작심삼일을 반복하다 보니 새로운 목표를 세운다는 것 자체도 어쩐지 스스로 의심이 간다. 새로운 목표를 세우는 것은 어렵고 때로는 불가능하게 느껴질 때도 있다. 이것도 준비해야 하고 저것도 대비할 생각에 우리는 '조금 더 준비해 보고 나서…'라며 우물쭈물 망설이게 된다. 그리고 결국 행동을 미루고 만다.

게으르고 무언가를 미루는 습관은 삶의 아무런 변화를 주지 못한다. 그런 자기 모습이 답답하게 느껴진다면 이제는 무언가 새롭게 시도해야 한다. 거창하지 않아도 좋다. '작은 행동'을 바로 시작하는 것이 중요하다. 무엇인가 미루고 싶을 때는 생각하지 말고 그냥 하라. 결심만 하지 말고 오늘 할 수 있는 작은 행동을 하며 이를 매일 습관화 해보는 것이다.

또 다른 시간 관리의 적은 SNS다. 정보화 시대를 살고 있는 우리에게 SNS는 우리의 삶의 일부분이라 해도 과언이 아니다. 최근의 한 연구에 따르면 일반적인 성인은 매주 평균 4시간 남짓한 자유시간을 누린다고 한다. 이러한 자유시간 중 우리는 대부분의 시간을 각종 디바이스 사용과 SNS에 낭비한다. 사람들은 하루 평균 150번 이상 핸드폰을 확인한다. 무려 150번이나. 대부분의 성인은 그중 하루 1시간 이상을 SNS에 접속해서 보낸다. 1주일엔 7시간, 1년이면 365시간이다. SNS에 소비하는 시간만 1년에 15일이 살짝 넘으니, 우리는 그만큼의 시간을 버리는 셈이다.

SNS를 통해 얻는 것도 분명히 있을 것이다. 여러 정보도 얻을 수 있고, 다른 사람과 소통하며 연결되어 있는 느낌을 준다. 그러나 과유불급이라고 그러한 시간이 지나치면 역시 독이 된다. 자신이 하루에 혹은 일주일에 SNS로 소비하는 시간이 얼마인지 한번 계산해보자. 생각보다 많은 시간일 것이다. 일주일에 단 한 시간이라도 줄일 수 있다면 시간 확보가 가능하며 그 시간으로 다른 무엇인가를 할 수 있다.

마지막으로 당신의 시간을 관리하는 적은 아이러니하게도 지금 당신이 하는 일이다. 더 구체적으로 말하자면 당신의 비효율적인 업무 습관이다. 우리의 부족한 시간은 비효율적인 업무 습관으로 더 부족해진다. 최근 자료에 따르면 일반적으로 우리는 할 일 목록에서 평균 열네 가지 일을 완료하지 못한 채 남겨둔다고 한다. 관리자 위치에 있는 직원들은 업무시간의 30% 이상을 회의에 소비한다는 설문 조사 결과도 있다. 임원의 경우 이 수치는 50% 이상으로 증가한다.

내가 지금 일하고 있는 업무에서 굳이 하지 않아도 되는 일은 무엇인가. 중요한 일과 긴급한 일 중에 나는 어떤 일을 먼저 하고 있는가. 긴급한 일만 자꾸 먼저 처리하게 되면 해야 하는 중요한 일은 정작 놓치게 된다. 자신의 일과를 한번 들여다보고 나는 어떤 곳에 시간을 쏟고 있는지. 불필요한 일들은 무엇인지. 업무 성과를 최대로 높이기 위한 방법은 무엇인지 고민해 보는 것을 권장한다.

코로나 팬데믹으로 재택근무가 많아지고, 업무가 디지털화되어 이제는 언제 어디서든 노트북만 있으면 업무가 가능해진 시대가 됐다. 따라서 앞으로는 시간으로 페이를 보장받는 사회가 아닌 일을 처리한 성과대로 페이가 결정될 것이다. 그런 시대에 무엇보다 시간 관리를 통한 효율적으로 일을 처리하는 능력은 아주 중요한 능력이 될 것이다.

모르는 것보다 더 나쁜 것은 알면서도 시도하지 않는 것이다. 어떤 사람들은 알면서도 평생 아무런 시도도 하지 않은 채 살아간다. 그들은 자신의 현재 상태에 안주하거나 멍하게 인생이 끌고 가는 대로 표류한다. 부디 이 책을 읽는 독자는 같은 실수를 계속해서 반복하지 않기를 바란다. 지피지기면 백전백승이라 했다. 자 이제 내 시간을 방해하는 적들을 알았으니 어떻게 하면 그 시간을 효율적으로 쓸지 구체적인 방법 및 노하우에 대해 알아보자.

목표를 설정하고 시작하라

 시간제 아르바이트를 해보았던 당신이라면 공감할 것이다. 일을 하는 한 시간 한 시간이 왜 이리 길게만 느껴지는지, 일 마치는 시간만 다가오기를 목이 빠지게 기다릴 것이다. 나 역시도 일한 시간만큼의 페이를 받았던 당시에는 가지 않는 시계만 탓하며 꾸역꾸역 일을 했다. 하지만 세일즈 업계에서 일을 하다 보니 상황은 이전과 달라졌다. 하루 24시간이 정말 빠르고 바쁘게 흘렀다. 또 내가 일한 만큼의 페이를 받기 때문에 최소한의 시간으로 최대의 성과를 내고 싶었다.

 일을 하다 보면 같은 일을 해도 사람마다 결과가 다르다는 것을 알 수 있다. 나 역시 이 업계에서 일을 하면서 항상 듣는 얘기 중 하나가 '시간이 없어서'라는 말이다. 현장에서 세일즈를 할뿐 아니라 관리자가 되기 위해 일하는 사람들은 팀원을 리쿠르팅 및 트레이닝

하고 관리하는 일까지 해야 하다 보니 몸이 열 개라도 부족한 게 당연했다.

그런 일련의 시간을 거치다 보니 결국 시간 관리를 잘하는 사람이 주어진 일을 빠르게 처리하고, 확보한 시간으로 매출과 성장을 위해 투자하여 더 많은 페이를 창출할 수 있다는 것을 몸소 경험했다. 결국 시간 관리에 능한 사람이 더 빨리 성장하며 돈도 더 많이 번다.

시간 관리의 중요성은 비단 세일즈 업계뿐만은 아니다. 수많은 직원이 있는 대기업뿐 아니라 중소기업, 컨설턴트, 프리랜서, 1인 기업 등의 모든 산업이 마찬가지일 것이다. 그러므로 시간을 관리하여 극대화할 수 있는 능력을 키우는 것은 앞으로의 시대에도 매우 중요한 능력 중 하나가 된다.

시간 관리를 잘하는 사람들은 기본적으로 **[장단기 목표 설정하기, 우선순위 정하기, 정리하기, 현실적인 마감일 정하기, 위임하기]** 등 듣고 체득한 여러 방법을 이용해야 할 일과 앞으로의 할 일들을 파악한 뒤 효율적으로 계획을 세워 행한다. 어떻게 하는지에 대한 디테일한 내용들은 차차 알아가겠지만, 시간을 잘 관리하려면 우선 왜 해야 하는지에 대한 분명한 이유와 목표가 있어야 한다. 목표가 없다면 행동하는 이유도 없을뿐더러 주어진 시간을 이래저래 낭비하기 쉽다.

나는 내가 일한 만큼 돈을 벌기 때문에 최소한의 시간으로 최대의 결과를 얻고자 했다. 그러기 위해서는 다음의 2가지가 명확히 있어야만 했다.

1. 분명한 이유 : 적은 시간의 노동으로 최대한의 결과를 내는 것. 그에 따른 보상(다른 자기 계발 시간 확보, 지인과의 약속 및 휴식)
2. 목표 : 4시간 안에 2명의 고객에게 판매, 하루 목표 수익 20만 원

이런 분명한 이유와 목표가 있다 보니 목표를 이루기 위한 계획이 생기고 실제 그 계획을 이루기 위한 시간을 효과적으로 관리하게 되었다. 목표나 그에 따른 계획이 없다면 SNS나 인터넷 서핑 등으로 시간을 중요하지 않은 다른 일에 먼저 쓰게 된다.

이처럼 목표를 정했다면 그에 맞는 계획들을 잘 세우는 것이 중요하다. 시간 관리는 정해놓은 계획 안에서 가능해진다. 앞서 나는 4시간 안에 2명의 고객에게 판매하여 20만 원을 버는 것을 목표로 삼았다. 이를 이루기 위한 나의 데일리 플랜은 무엇인가.

첫째,
전날의 사전 준비가 필요하다

사전 준비는 30분 이내면 충분하다. 최소 이동 경로, 예상 테리토리(지역)와 고객 및 대상 파악, 그에 맞는 적절한 피치의 준비를 해야 할 것이다. 또한 필요한 물품들을 빠짐없이 미리 준비한다. 생각보다 많은 사람들이 이러한 부분을 미리 파악하지 못하여 이동 거리나 필요한 것을 놓치는 바람에 꽤 많은 시간을 소모한다. 전날에 30분을 준비하는 것만으로도 당일에 몇 시간을 줄일 수 있다.

둘째,
타임 프레임을 두고 구체적인 넘버를 달성한다

실제 매출을 만들기 위해 일을 하는 시간이 6시간이라고 하자. 우리는 시간이 여유롭다고 느껴 처음 일을 몰입하기까지 상당히 오랜 시간이 걸린다. 점심 먹고 양치하러 가거나 화장을 고치거나 흡연하러 간다. 또 편의점이나 카페를 가는 등 일을 시작하기까지 꽤 오랜 시간을 소모한다. 나 같은 경우는 일을 시작하기 전에 타임 프레임을 둔다.

예를 들어 5시까지 판매 거래가 성사된 2명의 고객 만나기. 6시에 지인과 근처에서 만나기. 혹은 6시에 운동가기 등 시간을 설정하고 그 이후에 무엇을 할지 구체적으로 정했다. 그러다 보니 남에게든 자기에게든 약속을 지키기 위해 초반 몰입하는 시간이 상대적으로 빨랐다. 다른 사람들이 일을 시작하고 다른 볼일을 보고 난 뒤 1시간에 5명의 고객을 응대한다면 최대한 불필요한 시간은 줄이고 8명 이상의 고객을 응대한다. 그 누구보다 집중되어 있으며 시간 내 원하는 목표치를 달성하기 위해 빠르게 움직였다.

셋째,
스킬은 자투리 시간에 늘리는 것이다

세일즈를 하다 보면 좋은 커뮤니케이션 스킬도 있어야 하지만 해당 제품에 대한 많은 지식, 부족한 스킬에 대한 보완 및 돌발 상황에 대처할 수 있는 준비가 되어 있어야 한다. 예를 들어 물건을 판매하려고 할 때 정보에 대해 충분히 알지 못하거나 고객이 질문한 것에 대해 어버버한다면 당신을 신뢰하지 않을 것이고 제품이나 제공하는 서비스에 대한 신뢰도 떨어질 것이다. 당신에 부족한 스킬을 자투리 시간에 보완하라. 나 같은 경우 이동할 때를 잘 활용하는 편이다. 고객을 만나러 가기 위한 준비 시간이 있을 것이다. 시간을 내서 부족한 스킬을 늘리려 하지 말고, 기존에 활용할 수 있는 시간을 찾아서 틈틈이 하라. 화장실을 가거나 미팅을 하기 10분 전, 자기 전에 시간을 활용하면 좋다. SNS 할 수 있는 시간에 부족한 스킬 증대를 위한 투자를 한다면 당신의 시간은 극대화되는 것이다.

나의 예시로 목표에 따른 디테일한 계획들을 살펴보았다. 이 외에도 자기계발을 위한 계획도 마찬가지다. 목표를 이루기 위한 당신의 계획은 무엇인가. 단순히 영어 공부하기. 돈 많이 벌기. 살 빼기, 직장에서 승진하기 같은 추상적인 목표를 세우지 마라. 6개월 안에 오픽 AL 등급 따기, 1년 안에 천만 원 모으기, 3년 내의 지점장 되기. 5년 안에 ##동에 10억짜리 건물 사기 등 타임프레임을 두고 구체적인 목표와 목표를 달성하기 위한 월별, 주간별, 일간별, 시간별 계획을 세워 보자. 가능하면 그러한 계획들은 PPT, 워드, 한글 등으로 기록해 두고 이미지화 해두거나 글로 기록해 두는 것이 좋다. 그리고 매일매일 보면서 얼마만큼 이루어졌는지 지속적으로 체크해 보자.

마지막으로 당신은 어떤 목표가 있는가. 그 목표가 왜 당신에게 중요한가. 목표를 꼭 이루고 싶다면 당신이 오늘 해야 할 일은 무엇인가. 오늘 해야 하는 일을 24시간 중에서 언제 무엇을 할 것인가. 일의 능률이 오르는 시간은 언제이고, 집중이 떨어지는 시간은 언제인가. 나는 목표를 이루기 위한 오늘의 일과를 잘 달성하고 있는가. 지속해서 체크하고 있는가. 혹은 체크를 해주는 호랑이(감시자)를 세워 두었는가.

이러한 질문에 답변할 수 있다면 당신은 시간 관리를 위한 준비가 된 사람이며 당신의 능력을 극대화할 수 있다. 주어진 질문에 아직은 답변을 하기 힘든 사람이라도 괜찮다. 무엇을 이제 점검해야 하는지 어떻게 시작해야 하는지 알게 되었으니.

선택과 집중, 우선순위의 힘

"중요한 보고서 작성을 앞두고 준비하기 위한 컴퓨터를 켤 때면 스마트폰 메신저가 울려요. 잠시 대화에 참여하면 어느새 30분이 훌쩍 지나가죠. 서둘러 자료조사를 위해 브라우저를 키면 눈길을 사로잡는 실시간 연관검색어나 평소 사고 싶었던 것에 눈길이 가 이것저것 보게 돼요. 그러다 보면 정작 해야 하는 보고서 작성은 시간에 쫓겨 번갯불에 콩 볶아 먹듯 급하게 하게 됩니다."

"당장 눈앞에 뭐가 보이면 별로 우선순위가 높은 일이 아니어도 일단 이것부터 처리해야 한다는 충동을 느껴요. 정작 중요한 일은 뒷전이 되어 버리죠. 해야 할 일이 많으면 시간 관리가 잘 안 돼요."

앞선 이야기들이 왠지 낯설지가 않다. 우선순위를 정하고 중요한 일부터 일을 처리하는 것이 시간을 관리하는 데 있어 아주 필요한 것임을 사실 모르는 사람은 없을 것이다. 왜 나의 우선순위는 늘 밀리는 걸까?

 만약 위 사례들이 어쩐지 내 이야기처럼 들리거나 이리저리 바쁘게 움직이는 데도 이렇다 할 성과가 없다고 느껴지는 사람이라면, 내가 하는 일 중 '지금 당장 하지 않아도 되는 일'이 무엇인지 한번 점검해 보자.

 시간은 한정되어 있다. 한정된 우리의 시간을 효율적으로 사용하려면 '선택과 집중'이 필요하다. 우선순위를 정한다는 것은 불필요한 일은 제쳐두고 목표에 집중하는 것을 말한다. 앞서 얘기했던 것처럼 우선순위를 정하는데 파악해야 할 첫 번째 대상은 '불필요한 일'이다. 내가 정한 목표를 이루기 위해 굳이 지금 하지 않아도 되는 일은 무엇인가. 생각해 보고 그 일을 과감히 버리거나 유혹에 넘어가지 않게 차단해 보자.

 나 같은 경우 회사에서 프레젠테이션을 준비하는 데 있어 가장 방해 받는 요소가 사람과 각종 메신저였다. 해당 PPT와 스피치를 준비하는 데 있어 방해받지 않는 시간인 오후 2~4시 사이를 주로 활용한다. 이때 메신저는 모두 차단해 둔다. 해당 작업을 완료할 때까지는 핸드폰을 무음으로 해두거나 손이 닿지 않는 곳에 두는 것이다.

지금 당장 하지 않아도 되는 일을 생각해 보았다면 다음 해야 하는 일은 리스트 업 작업이다. 나는 업무가 시작되기 전이나 그 전날 혹은 최대 아침에 오늘 해야 할 일을 일단 리스트 업한다. 처음 리스트 업하는 과정에서는 중요도에 따라 하지 않고 생각나는 대로 쭉 적어 본다. 오늘 해야 하는 일이 7가지라고 한다면 7가지 중 가장 먼저 중요하게 처리하는 일들을 순서대로 다시 재배치한다. 그리고 재배치한 리스트들을 몇 시까지 달성할 것인지 기한을 정한다.

이러한 작업을 매일 업무 시작 전이나 아침에 습관화한다면, 어느새 내게 무엇이 가장 중요하고 빠르게 처리해야 하는 일인지 신속한 판단이 가능하다. 단, 여기서 매일 아침 우선순위를 리스트 업하고 일을 처리하는 것만으로는 부족하다. 정해진 시간의 일과가 끝나고 난 뒤 순서대로 제대로 일을 마무리했는지 점검하는 것이 중요하다. 점검하다 보면 일을 처리하지 못한 것들도 있을 것이다. 처리하지 못한 일을 어떻게 할 것인지에 대한 팔로우 업이 필요하다. 그날에 추가 근무로 일을 완성할 것인지 다음 날 가장 먼저 처리할 리스트가 될 것인지 판단하는 작업이 필요하다.

우선순위를 정하고 하나하나 처리하다 보면 돌발 상황이 생기는 경우가 있다. 예를 들어 오늘 해야 할 일은 7가지인데 2번째 리스트의 일 처리가 지연되는 경우다. 또한 오늘 할 일을 정하고 순차적으로 일을 완수하고 있는데 생각지도 못한 요청이나 예상치 못한 추가 업무가 들어오는 경우, 일을 하다가 갑자기 해야 할 일이 떠오르는 경우 등이다. 그럴 때는 내가 정한 그날의 리스트 업을 다시 보고 재배치하면 된다.

오늘 해야 하는 일 중 조금은 지연시켜도 되는 일이 있을 수 있고, 나에게 요청된 일이 지금 내가 당장 처리해야 하는 일인지 아닌지에 대한 판단 여부에 따라 요청을 거절할 수도 아니면 다른 사람에게 위임할 수도 있다. 또한 일이 생각보다 지연된다면 중요 여부를 판단한 뒤 과감히 덮어둔다. 당장 해결할 수 있는 일이 아니라면 계속 붙잡고 있는 것보다 다른 일을 먼저 처리하는 것이 낫다.

곧장 요점으로 날아가는 날개를 달아라.
사소한 문제에 매달리면 결국 큰 손해를 보고 만다.
―이드리스 샤흐

리스트 업 재배치 과정을 다시 하지 않으면 결국 내가 정한 우선순위는 무시하고 생각나는 대로 일 처리를 하게 된다. 그러다 보면 또다시 시간 관리가 되지 않는 악순환이 반복되는 것이다. 이러한 재배치 작업의 여부가 필요하다면 중간 휴식 때 다시 뺄 건 빼고 추가할 것은 추가하라.

130만 부가 팔린 세계적인 베스트셀러 작가인 게리 켈러는 그의 저서 《원씽 THE ONE THING》에서 다음과 같이 말했다. "성공하는 사람들은 다르게 행동한다. 그들은 꼭 해야 하는 일을 잘 알아보는 혜안을 가지고 있다. 그들은 잠시 시간을 내어 무엇이 중요한지 결단을 내리고는 바로 그 일을 중심으로 하루 일과를 운영한다."

우선순위를 정하고 하루를 보낸 날과 시간이나 상황에 따라 흘러가는 대로 하루를 보내는 것은 엄청난 차이가 있다. 알고 있는 것으로만 생각하는 것으로만 그치지 말고 한번 시도해 보자. 오늘 무언가를 이루었다는 사실에 보람을 느끼게 될 것이다.

상위 1퍼센트만 알고 있는 시간 관리의 비밀

지금 당신이 알고 있는 성공한 사람을 한번 떠올려보자. 당신이 떠올린 사람은 주변 지인이 될 수도 있고, 유명한 사람일 수도 있다. 성공의 기준은 각자 다르겠지만 어떠한 기준의 성공한 사람이든 당신이 떠올린 사람 대부분은 시간 관리의 귀재일 것이다.

실제로 각 분야의 최고 위치에 오른 사람들은 예외 없이 시간을 소중히 여기며 허투루 쓰지 않는다. 인간에게 거저 주어진 것이 시간이지만 성공한 사람들은 시간이 가장 귀중한 자원이라는 것을 이미 알고 있다. 그들은 철저한 시간 관리를 통해 각자 자신의 궁극적인 목표를 이룰 수 있었다. 그야말로 시간 관리의 프로다. 시간이 정말 귀중한 자원인 것을 인지하는 것만으로도 상위 1퍼센트가 될 가능성을 가지고 있다. 그들의 비밀은 다음과 같다.

첫째,
시간에 대한 주도권이 있다

그들은 시간에 쫓기지 않고 시간을 진두지휘한다. 시간의 노예가 아닌 시간의 지배자인 것이다. 주도권이란 내가 주체가 되어 원하는 것을 결정하고 이끄는(leading) 것이다. 다음과 같은 방법으로 그들은 주도권을 행사한다.

→ 선택과 집중

우리는 하루를 살면서 수많은 선택을 한다. 성공한 사람들은 자기에게 필요한 것을 선택하고 집중하는 일을 잘하는 사람들이다. 이때 그들은 모든 것을 대응하려 하지 않고, 잘하려 하지 않는다. 자신이 해야 할 일에 대해 파악한 뒤 핵심적인 일을 잘 선별하여 처리하는 것으로 충분하다. 《성공한 사람들의 시간 관리 습관》에는 프레데릭 W. 테일러 박사의 이야기가 나온다. 그는 다음과 같이 말했다. "우리는 일하는 시간을 늘리거나, 지칠 때까지 일하지 않더라도 방법에 따라 능률을 3배 4배 올릴 수도 있다."

시간 관리의 달인인 우스이 유키는 두 회사를 경영하고 연간 60회 이상의 강연을 진행하며 연간 1권 이상의 책을 집필한다. 또 매년 1개씩은 국가 자격증을 취득하고 TV와 잡지 취재를 받는다. 그녀는 저서 《일주일은 금요일부터 시작하라》에서 다음과 같이 말했다. "들인 시간과 일의 질이 반드시 비례하는 것은 아닙니다. (…) 투자한 시간과 일의 결과는 결코 비례하지 않는다."

안되는 것을 억지로 끌고 가지 말고, 되는 것은 하나 더 안되는 것은 목표나 과정을 줄여보자.

→ 거절을 어려워하지 않는다

상대적으로 아시아 문화권에 사는 사람들은 거절하는 것을 힘들어하는 경향이 있다. 거절하는 것은 나쁜 것이 아니다. 물론 거절할 때도 매몰차게 혹은 무작정 거절하는 것이 아닌 예의를 지키며 내가 할 수 없는 상황에 대해 불쾌하지 않도록 이야기하는 것이 좋다. 모든 것에 대응하기에는 우리에게 정해진 시간은 한정되어 있다.

→ 적절히 위임하거나 다른 사람의 시간을 산다

시간을 능동적으로 쓰는 사람들은 다른 사람의 시간을 사면서 자신의 시간을 극대화한다. 일을 위임하지 않고 혼자 다 처리하려고 하면 업무처리 속도는 떨어지며 퀄리티 또한 저하될 수 있다. 일을 하는 데 있어 자신이 잘 못하거나 그 일이 굳이 내가 하지 않아도 되는 일이라면 위임을 통해서 시간을 확보할 수 있다. 적절한 위임 방법에는 다음 3가지가 있다.

1. 무슨 일을 누구(적격자)에게 위임하는 게 좋을지 정한다.

꼭 내가 아니라 다른 사람이 할 수 있는 일이나, 우선순위가 높지 않은 일은 최대한 위임을 통해 수고를 덜어낸다. 리더나 관리자라면 모든 일을 다 직접 처리하는 것이 팀원과 앞으로의 인재들이 일을 통해 성장할 수 있는 기회를 빼앗는 일일 수도 있다. 훌륭한 리더는 적절한 위임의 중요성과 방법을 잘 아는 사람이다.

2. 위임한 사람을 신뢰한다.

일을 맡겨 놓고 하나하나 간섭하거나 당연히 해야 하는 일처럼 일을 맡겨 버린다면 일을 하는 사람은 동기가 떨어지거나 최선을 다해 그 일을 맡지 않을 것이다. 그로 인해 일의 퀄리티가 떨어진다면 내가 하느니만 못하게 될 수도 있다. "당신이기 때문에 믿고 맡깁니다." 혹은 그 일을 처리할 수 있는 적절한 권한을 줘야 한다.

3. 완성된 일에 적절한 피드백을 더 한다.

일을 위임했다고 나 몰라라 해서는 안된다. 완성된 일에 대하여 서로 피드백하는 시간을 가져야 하며 완성된 일에 개선할 점은 없는지 빠진 것은 없는지 디테일하게 점검해야 한다. 원래의 의도대로 잘 진행되고 있는지 확인하는 작업은 필수다. 일을 마무리하고 나서는 반드시 그들이 한 일에 대한 공로를 인정해 주고 칭찬을 더 해주어야 한다. 사람들은 대중 앞에서 인정받는 것을 기뻐한다.

둘째,
자신만의 골든 타임을 확보한다

골든 타임은 자신이 최대로 집중할 수 있는 시간이다. 대부분의 시간 관리책을 보면 자신만의 시간을 확보하기 위해 새벽 시간을 활용한다. 시간을 관리하는 사람들이 대체로 성실하여 새벽부터 일어나 그들만의 시간으로 사용한다. 확률적으로 그렇다고 생각하지만 모두에게 적용되는 사안은 아니다. 나는 새벽에 시간을 내서 무엇인가를 하는 것이 힘들다. 오히려 저녁이나 늦은 밤에 집중이 잘되는 편이다. 그러므로 해야 하는 일과를 최대한 빠르게 처리하여 저녁 시간이나 아무도 방해하지 않는 늦은 밤 시간을 활용하고 있다. 또한 점심시간이나 자투리 시간을 최대한 많이 확보하여 활용하기도 한다. 양적인 시간보다 질적인 시간이 무엇보다 중요하다. 자신의 능률이 최대한으로 오르는 시간이 언제인지 먼저 파악하라. 황금 시간의 활용은 단 1시간을 쓰는 것만으로도 10시간 이상의 결과보다 나을 수 있다.

셋째,
시간의 양보다 밀도를 높인다

시간을 잘 쓰는 상위 1퍼센트는 즐겁고, 일의 능률이 오르는 것부터 먼저 한다. 잘하는 일과 즐거운 일을 먼저 하고 나면 성취감과 긍정적인 에너지로 끝까지 일을 완수할 수 있는 확률이 높아진다. 따라서 지금 해야 할 일이 두 가지 있고 중요도가 비슷하다면, 흥미가 가는 쪽을 먼저 하자. 이는 시간을 절약할 뿐 아니라 동기가 지속되고 성과로도 이어지기 쉽다.

또한 처음부터 너무 큰 일을 하려고 하지 않는다. 작은 일부터 가볍게 시작하는 것이다. 모든 일이 들인 시간만큼 성과가 나오는 것이 아니다. 의욕이 생기면 하는 것이 아니라, 일이 순차적으로 진행되어서 하다 보니 의욕이 생기는 것이다. 너무 많은 것을 바라고 처리하려는 욕심이 때로 일을 그르친다.

앞서 소개한 우스이 유키는 일상에서 낭비되는 시간을 무조건 줄이는 것만이 답은 아니라고 했다. 잠을 줄이거나, 친구를 만나는 시간을 없애는 '뺄셈의 시간 법'이 아닌 똑같은 시간을 밀도 있게 쓰며, 한 가지 일에서 두 가지 가치를 만들어 내는 '덧셈의 시간 법'을 소개한다. 예를 들어 덧셈의 시간 법으로 시간의 밀도를 높이는 그녀의 방법은 다음과 같다.

"제 경험을 예로 들자면, 저는 공인중개사 자격을 갖고 있습니다. '자사 빌딩을 갖고 싶다'는 목적을 위해 취득한 것입니다. 당시 '이왕 공부할 거면 부동산임대업이나 그와 관련된 강연과 집필도 할 수 있게 준비하고 싶다'고 생각했습니다. 이렇게 목적이 추가되면 같은 공부를 해도 성과는 2배가 됩니다. 공부에 대한 의욕도 한층 높아집니다. 실제로 저는 한 달 만에 공인중개사 자격을 무사히 취득했고, 좋은 조건에 빌딩을 구입했고, 부동산 임대업, 부동산 관련 책 출판까지 일의 폭을 넓힐 수 있었습니다."

상위 1퍼센트들은 시간을 자기 페이스대로 컨트롤할 줄 아는 사람들이며, 시간 관리를 통해 여유와 돈이 따라온다. 시간을 대하는 그들의 방법을 다시 한번 정리해 보며 마무리 해보자.

〈정리하기〉

▫ **시간 관리의 천재들은 시간에 대한 주도권이 있다**
　└ 선택과 집중
　└ 거절을 어려워하지 않는다
　└ 위임, 다른 사람의 시간을 산다

▫ **시간 관리 천재들은 골든 타임을 확보한다**
▫ **시간 관리 천재들은 시간의 양보다 밀도를 높인다**

시간 관리로 진짜 원하는 것을 하라

"일이 바빠서 새로운 것에 도전할 여유가 없어"와 "어떻게 하면 본업을 하면서도 새로운 것에 도전할 수 있을까?"라고 생각하는 사람의 결과는 분명히 다르다. 어떤 사람은 늘 시간에 쫓기느라 정작 자신이 하고 싶은 일들은 꿈으로만 두는 반면, 어떤 사람들은 보통 사람의 배 이상으로 일하는 데도 많은 취미를 즐기고 새로운 것에 늘 도전하며 성취한다. 모두에게 똑같이 24시간이 주어지는 데도 이루는 사람과 그렇지 못한 사람의 모습은 대조가 된다. 당신은 어느 유형의 사람인가.

시간이 없다고 한탄만 하는 사람과 아무리 바빠도 원하는 것을 이루는 사람의 생각 차이는 크다. 좀 더 자세히 말하자면 '시간이 없어'라고 생각하는 사람은 '지금도 바쁜데 자격증 공부를 하기는 힘들어', '지금도 시간이 부족해서 힘든데 할 일이 더 늘어나면 어떡해?'라고 생각하며 할 일이 줄어야지만 자기가 원하는 것을 할 수 있다고 생각한다. 반면에 시간 관리를 잘하여 지속적인 자기계발을 하는 사람들은 시간이 없다고 새로운 일을 거절하지 않는다. 오히려 새로운 일에 더 적극적으로 도전한다. 그들은 바빠서 오히려 시간을 효율적으로 쓸 수 있는 방법을 찾는다. 그들은 하고 싶은 일은 무엇이든 할 수 있다고 믿는 사람들이다.

전자인 당신이라면 이제부터라도 생각을 바꾸고 다르게 행동할 필요가 있다. "더 이상 시간이 없으니까 ○○를 할 수 없다"라는 변명이 아닌 시간 관리를 통해 '진짜 하고 싶은 것'을 해보자.

여기서 중요한 포인트는 진짜 자신이 원하는 것이다. 대부분 자기계발을 하는 이유를 살펴보면 더 나은 직업과 페이를 위해 해야 하므로 하기 싫은 분야를 어쩔 수 없이 하는 경우이다. 이러면 동기가 떨어져 오래 지속되지 못하거나 막상 성취해도 보람이 없다.

자기계발을 하면서 성장에 대한 기쁨과 즐거움보다도 스트레스를 받으며 또 다른 일이 되어 버리기도 한다. 실제로 직장인과 대학생을 대상으로 자기계발을 위해 시간을 얼마나 투자하는지 설문 조사한 결과 하루 평균 1시간이라는 대답이 나왔다. 바쁜 생활 가운데 시간과 비용을 지불하는 만큼 만족과 성취가 있는 진정한 자기계발이어야 한다는 사실을 기억해야 한다. 그럼 진정한 자기계발이란 도대체 어떤 것일까? 다음의 실제 사례를 한번 살펴보자.

#사례1

직장인 P 양은 4개의 직업을 가지고 있다. 본업으로 금융업에 종사하면서도 외국어를 잘하는 강점을 살려 몇 년 전 국제 어린이 영어 교사 자격증을 취득하여 어린이 영어 교사로의 활동이 가능하게 되었다. 꽃에 관심이 많아 올해도 플로리스트(florist)라는 직업에 도전하여 자격증 취득을 위한 공부와 배움을 꾸준히 하고 있으며, 향후 문화센터 강사 활동이나 창업의 가능성을 옵션으로 두고 있다. 최근에는 책을 집필하면서 작가로서의 커리어를 다지고 컨설팅 강사로서의 활동 또한 왕성하게 하고 있다. P 양은 자신이 진짜 하고 싶은 것들을 하며 향후 수익이 창출할 수 있는 경로까지 모색하였다. 그러다 보니 더 이상 본업의 일이 생계 수단이 아니라 성취와 만족감을 통해 즐길 수 있는 일이 되었다. 삶에 여유가 생겼고, 과정 자체를 즐길 수 있게 된 것이다.

#사례2

사업가 L 군은 이전에 직장을 다니면서 수많은 자기계발 과정을 경험했다. 어학원, 각종 자격증 학원은 기본이고 무료한 삶을 달래고자 운동, 악기 등 취미 생활을 위한 자기계발에도 많은 시간과 비용을 투자했다. 하지만 새로운 것을 시작한다는 기분에 처음 시작할 때만 설렐 뿐 금세 지쳐 일상으로 돌아오기 일쑤였다. 그러한 과정을 경험하고 나니 어느덧 자신을 위한 진정한 자기계발의 필요성을 느꼈다. 그러고 나서 시작한 것이 책을 쓰는 것이었다. 책을 쓰면서 인생이 달라졌다. 아주 작은 자신의 성공을 단계별로 써 내려가기 시작하며 살아온 경험의 가치를 경력으로 만들었다. 또한 자신의 상처를 솔직하게 드러냄으로써 트라우마가 치유됐다. 책을 쓰면서 명확한 미래를 그릴 수 있었고, 계획해 나갈 수 있었다. 지금은 책을 쓰면서 자신만의 노하우를 프로세스화 하게 되었고, 이를 바탕으로 강연과 컨설팅을 하고 있다. 이러한 자기 경험을 토대로 더 많은 사람이 책을 써서 새로운 인생을 살게 해야겠다는 사명감까지 생기게 되었다.

어쩐지 스트레스를 받으면서 무의미한 자기계발을 하는 사람들과는 대조가 되지 않는가. 더 이상 스펙을 위한 자기계발은 접어두고 자신이 원하는 꿈과 목표를 위해 '진짜' 자기계발을 해보는 건 어떨까.

나 역시 세일즈 일을 선택한 이유도 진짜 내가 원하는 커리어를 쌓고 싶었기 때문이다. 비록 처음 시작한 이 일이 사람들의 많은 오해와 선입견도 있었지만 남의 시선보다 내가 이루고 싶은 것, 여성 리더, 기업가(CEO)라는 목표에 집중했다. 이를 이루는 과정에서 진짜 나에게 필요한 공부와 자기계발에 끊임없이 몰두했다.

그리고 지금은 내가 얻은 경험과 노하우들을 프로세스화하여 공유할 수 있는 책을 쓰고 있다. 계속해서 틈틈이 부족한 영어와 중국어 실력을 보충하여 외국에서 강의하는 기회도 놓치지 않고 있다. 향후 한국만이 아닌 전 세계를 무대로 나의 경험과 노하우 그리고 이야기를 하는 좋은 스피커가 되길 기대하고 있다.

앞선 두 사례로 무엇인가 느낀 것이 있다면 더 이상 미루지 말고 지금 당장 시작해 보는 건 어떨까. 생각보다 당신의 주변에도 진짜 하고 싶은 것을 찾아 풍요로운 삶을 사는 사람들이 많다. 한번 둘러보고 그들과 만나 이야기와 에너지를 공유해 보는 것부터 시작해 보자. 그럼에도 무엇부터 시작할지 어떻게 해야 할지 모르겠다면 다음의 5가지를 생각해 보면 진정한 자기계발을 위한 초석을 다질 수 있을 것이다.

> 첫째, 나의 현재 관심 분야는 무엇인가?
> 둘째, 나의 강점과 약점은 무엇인가?
> 셋째, 나의 관심 분야와 강점을 접목할 수 있는가? 직간접적인 체험을 해본 경험이 있는가?
> 넷째, 향후 도전해 보고 싶은 분야는 무엇인가?
> 다섯째, 도전하는 분야가 자신을 발전시키고, 수익 창출이 가능한가?

위의 질문들에 대한 답변을 생각해 보았다면 이제는 실행할 차례다.

> 사람이 무언가를 하고 싶어 할 때 시간이 그걸 거부하는 일은 없다
>
> -우스이 유키

이 말을 기억하고 이제는 단 10분이라도 진정한 자기계발을 위한 투자를 시작해 보자. 무엇을 해야 하는지 분명히 알기만 한다면 틈새 시간을 사용하는 것만으로도 얼마든지 그 시간을 유용하게 쓸 수 있다. 그런 시간을 하루 1시간 일주일 중 하루 한 달에 5번 이상 점차 늘려가 보자. 규칙적인 시간을 정해두고 할 수 있다면 더욱 좋다. 그러한 작은 시간이 모이고 쌓이다 보면 당신의 인생을 바꾼다는 것을 나는 확신한다.

나를 성장하게 하는 휴식의 기술

"때로는 손에서 일을 놓고 휴식을 취해야 한다. 쉼 없이 일에만 파묻혀 있으면 판단력을 잃기 때문이다. 잠시 일에서 벗어나 거리를 두고 보면 자기 삶의 조화로운 균형이 어떻게 깨져 있는지보다 분명히 보인다."

-레오나르도 다빈치

오늘도 시간은 일분일초, 분초를 다투며 간다. 여태까지 우리는 바쁜 일상 가운데 우리에게 주어진 시간을 어떻게 하면 잘 쓸 수 있는지를 알아봤다. 하지만 그런 시간 관리 방법 중에서도 빠질 수 없는 것도 빠져서도 안 되는 것이 바로 '휴식'이다. 아마 이 책을 보는 독자분들도 한 번쯤 쉴 새 없이 달려오느라 정작 자기 자신은 돌보지 못해 몸과 마음이 지칠 대로 지친 경험을 해본 적이 있을 것이다. 아니 지금도 여전히 그럴 수 있다.

나 역시도 한창 일할 때 해외 지점의 높은 직급의 매니저로부터 "You are like a racing horse(너는 지금 경주하는 말 같아)"라는 말을 들으며 충격을 받았던 적이 있다. 나를 처음 본 사람인데도 불구하고 앞만 보고 달리기만 하는 내 모습을 보며 경각심을 준 것이다. 실제로 꿈과 커리어를 좇아 열심히 일했던 당시 막상 일을 성취하고 나서 나의 모습을 되돌아보니 지칠 대로 지쳐 있었다. 사람도 만나기 싫었고, 성과가 안 나오면 방법을 찾고 취하기보다 어느새 예민해지고 신경질적으로 변해버린 내 모습에 주변 사람들이 더욱 힘들어했다. 열심히 일할 열정도 사그라들었고, 새로운 목표를 위해 한 발짝 나아가는 게 힘들었다. 몸 또한 약해지며 건강하기만 했던 내 몸에 이상 신호가 생기기 시작했다. 적절한 휴식 없이 앞만 보고 달려온 결과는 나를 상당히 힘들게 했다.

월화수목금금금을 보내는 당신, 무엇 때문에 바쁘게 사는가. 무엇을 위해 쉼 없이 일하는가? 너무 바빠 휴식을 보내는 시간조차 낭비라고 느껴진다면, 혹은 아무런 일정도 잡혀있지 않은 비어있는 캘린더가 불안하다면 무엇인가 잘못되었다는 것을 인지해야 한다. 다음의 이야기로 무엇인가 깨달을 수 있을 것이다.

조그만 항구 도시에 사는 가난한 어부가 자신의 보트에서 늘어지게 낮잠을 잤다. 그때 그곳을 지나던 사업가가 어부를 깨워 말을 걸었다.

사업가 : 하루에 몇 번이나 출어하시오?

어부 : 단 한 번. 나머지는 이렇게 쉬지요.

사업가 : 왜 두 번 이상 하지 않소? 그럼 세 배로 많은 고기를 잡을 수 있을 게 아니오?

어부 : 그러면요?

사업가 : 그러면? 그러면 2년 뒤에는 모터보트를 두 척 살 수 있고, 3~4년 뒤에는 두세 척의 보트로 훨씬 더 많은 고기를 잡을 수 있죠. 그럼 작은 냉동창고에 훈제 생선 공장, 커다란 생선 처리공장까지 지을 수 있고, 잘만 하면 헬리콥터를 타고 날아다니며 물고기 떼의 위치를 미리 어선에 알려줄 수도 있소.

어부 : 그런 다음에는?

사업가 : 그런 다음에는 여기 이 항구에 편안하게 앉아 햇살 아래 달콤한 낮잠을 즐기는 거요. 저 멋진 바다를 감상하면서!

어부 : 내가 지금 그러고 있잖소!

"더 많이! 더 빠르게!"를 요구하며 몰아붙이는 세상에서 일만 하느라 바쁘게만 사느라 정작 중요한 것은 잃고 있진 않은가. 데일리 카네기는 휴식에 대하여 다음과 같이 말했다. "우리는 휴식이란 쓸데없는 시간 낭비가 아니라는 것을 알아야 한다. 휴식은 곧 회복이다. 짧은 시간의 휴식일지라도 회복시키는 힘은 상상 이상으로 큰 것이니 단 5분 동안이라도 휴식으로 피로를 풀어야 한다."

미국 국립보건원(NIH)은 휴식이 학습에서 중요한 역할을 할 수 있음을 시사하는 연구 결과를 2019년 3월 28일 '커런트 바이올로지'에 발표했다. 학습 후에 잠깐의 휴식이 새로운 기술을 뇌에 자리 잡게 만드는 데 아주 중요한 역할을 한다는 것이다. 또한 지난 세월 동안 수면 연구가, 의학자, 신경생리학자 등은 잠자며 꿈을 꾸거나 아무것도 하지 않을 때 우리 몸에서 어떤 일이 일어나는지 집중적으로 연구해 왔다. 여기서 밝혀진 사실은 편안히 쉴 때 우리 몸은 놀라울 정도로 활발히 활동한다는 점이다. 겉으로 보기에는 아무것도 하지 않는 것 같은 시간이라도, 우리 몸은 회복과 재생 과정에 몰두하며, 동시에 기억력과 자신감, 창의력을 키우는 작용을 하는 것이다.

이쯤 되면 휴식의 중요성에 대하여 느끼는 바가 있을 것이다. 그러나 휴식도 잘해야지만 된다. 무작정 게으르고 늘어지는 시간을 보내는 것은 휴식이 아닐 수 있다. 또한 TV, 인터넷, 스마트폰, SNS 등 각종 미디어를 통해 얻는 휴식도 알게 모르게 당신의 피로를 더욱 누적시킨다. 실제로 정보화 시대에 우리는 '정보 과부화'에 둘러싸여 있다. 여가 시간조차 우리는 페이스북, 인스타그램, 블로그 등으로 눈을 떼지 못한다. 이러한 채널들이 누군가와 이어져 있다는 위로와 기쁨을 주기도 하지만 정작 다른 사람에 관한 관심으로 바로 옆 사람이나 나 자신은 돌아보지 못하게 한다. 그러므로 진짜 내가 원하는 것들을 알기가 힘들고 진정한 의미의 휴식이라 보기 어렵다.

독일 최고의 과학저널리스트인 올리히 슈나벨은 《아무것도 하지 않는 시간의 힘》에서 다음과 같이 말했다. "자기 자신과 대화를 나누며 자신의 깊숙한 내면과 만나는 시간, 이것이 휴식의 본래 의미인 것이다."

휴식을 나름대로 취하고 있는데도 어쩐지 권태감과 우울감 아니면 이조차 인지하지 못하는 상황이라면 위험하다. 이제는 제대로 된 휴식 방법으로 행복과 긍정적인 에너지로 자신을 채워야 한다. 여기 제대로 휴식을 취하기 위한 몇 가지 방법이 있다.

첫째,
나만의 휴식 시간을 확보하라

하루에 30분, 일주일 중 하루, 한 달에 2박 3일이든 다른 사람에게 방해받지 않는 나만의 시간을 주기적으로 갖는 것이 중요하다.

여유를 두고 자신에게 집중하며 곱씹는 시간이 필요한 것이다. 그래야 깨달음과 성찰이 있으며 때론 더 좋은 아이디어가 생각이 난다. 나만의 시간을 확보하여 자기를 들여다보는 것만큼 나에게 주는 최고의 휴식은 없다. 일할 때는 딴생각, 쉴 때는 일 생각은 NO! 나만의 휴식 시간을 확보해서 일할 땐 최선을 다해 일하고 쉴 땐 확실히 쉬자.

둘째,
시간을 확보했다면 나만의 휴식 방법을 찾아라

에너지를 충전하기 위해 휴식을 취하는 방법은 각자 다를 수 있다. 그저 한숨 푹 자는 것도, 산책하며 자연을 만끽하는 방법도 스포츠를 즐길 수도, 나만의 공간에서 책을 읽을 수도, 멍때리는 것일 수도 있다. 어떤 방법이 휴식을 위한 최고의 방법인지 가리는 것은 중요하지 않다. 중요한 것은 내가 무엇을 원하는지, 어떤 것을 할 때 만족스러운지를 찾는 것이다. 나만의 방법으로 몸의 긴장을 풀고 모든 스트레스를 내려놓을 때 우리는 균형을 잡고 에너지를 채울 수 있다.

셋째,

때로는 에너지를 주는 사람과 함께하라

　자기만의 시간을 가지며 에너지를 채워갈 수도 있지만 나에게 에너지와 영감을 주는 사람과 함께하는 것도 배가되는 휴식 방법이다. 나의 에너지를 소모하는 사람, 예컨대 매사에 부정적이고, 힘이 없고, 생기가 없는 사람과 내 소중한 휴식 시간을 낭비하지 말자. 일에 대한 스트레스나 체력적인 소모, 미래에 대한 두려움 등등으로 나의 에너지가 고갈될 때 긍정적인 에너지를 더해 줄 사람과 함께 시간을 보내면서 당신의 휴식 시간을 배가하라.

　비워야 새로운 영감을 얻을 수 있다. 비우는 작업이 있어야 내가 원하는 더 많은 것들을 채울 수 있다. 우리는 이러한 자연의 원리를 이미 알고 있다. 일을 더 잘하고 싶을수록, 원하는 무엇인가에 더 집중하고 싶을수록 우리가 가장 열심히 해야 하는 것은 마음의 긴장을 내려놓는 일이다. 이는 적절한 휴식을 취했을 때 비로소 가능하다.

　아리스토텔레스는 휴식을 가르치는 교육이야말로 국가의 가장 중요한 임무 중 하나라고 보았다. 휴식이야말로 지고의 행복 상태이기 때문이다. 이처럼 우리의 행복을 위해, 더 나은 상태로 발전시키기 위해 휴식이 주는 진정한 가치와 의미에 대해 깨달을 수 있기를 바란다.

시간은 당신의 인생이다

시간을 여행할 수 있다면 얼마나 좋을까? 누구나 되돌아가고 싶은 시간이나 멈추고 싶은 시간, 혹은 지우고 싶은 그런 시간이 있다. 그러한 소망이 반영되어 사람들은 시간을 여행하는 영화를 흥미롭게 본다. 현실적으로는 불가능하지만 시간에 대한 영화를 시청하는 것만으로 대리만족을 얻는 것이다.

나 또한 '시간을 되돌릴 수만 있다면' 하고 간절히 바란 적이 몇 번 있다. 중학교 2학년 때 아버지가 신부전증과 간경화로 돌아가셨다. 초기에 신장을 이식할 수 있었다면 아버지는 살 수 있었을지도 모른다. 그 당시 나는 어렸고 가족 또한 이식 방법이나 프로세스에 대해 잘 몰랐다. '그때 그랬었더라면' 하고 시간을 되돌리고 싶었다. 이는 나뿐만이 아닐 것이다. 하지만 애석하게도 실제 우리가 보낸 시간은 절대 되돌릴 수 없다. 우리에게 가장 먼 시간은 1분 전이며 과거일 뿐이다.

  삶을 살다 보면 거저 주는 시간의 소중함을 종종 잊어버릴 때가 있다. 우리가 흘려보낸 하루는 누군가가 간절히 바라는 하루 일 수 있다. 이 글을 쓰고 있는 나와 글을 읽는 독자들만큼은 이 순간, 다시 한번 기억할 필요가 있다. 당신이 보내는 오늘 이 시간은 정말 소중하며, 그 시간이 쌓이고 쌓여 우리의 인생이 되는 것을.

  어떤 인생을 살고 싶은가. 누군가가 나에게 어떤 인생을 살고 싶은지 물어본다면 추상적일 수 있지만 행복하고 누군가를 도울 수 있는(재정적으로, 나아가 성장과 성숙을 돕는) 가치 있는 인생을 살고 싶다고 말할 것이다. 떠나는 날 내 인생에 대하여 만족하며 행복하게 살았다고 스스로 말할 수 있다면 더할 나위 없이 바랄 게 없다. 내가 보낸 하루하루의 시간이 나의 인생이라는 책의 한 페이지라면 기왕이면 그 페이지 한 장 한 장을 소중하고 가치 있게 써내려 가고 싶다. 당신은 어떠한가.

  지나간 시간에 대해 돌아보니 나는 20대를 누구보다 치열하게 살았다고 자부할 수 있다. 앞만 보고 경주마처럼 달려오기도 했다. 그러나 문득 내 삶에 브레이크를 걸고 스스로를 돌아보니 내가 잃어버린 것보다도 얻은 것이 더 많았다는 것을 깨달았다. 그러한 시간을 통해 내가 경험하고 얻은 것으로 나눌 것이 있다는 것을 알게 되었다. 그리고 어쩌면 별거 아닐 수도 있지만 나름대로 중요하다고 생각하고, 누군가에게는 필요할 수도 있는 것을 이 책을 통해 함께 나누고 싶었다. 그리고 누군가에게 용기를 주고 도전이 되고 싶었다. 각자의 인생에는 나름대로 교훈이 있다. 그러한 교훈들은 아무리 작은 것이라도 함께 나눌 수 있다. 왜냐면 보잘것없는 인생은 없기 때문이다.

인생 평가에 대한 절대적 기준은 어디에도 없다. 내 인생에 대하여 남이 평가하는 것은 의미가 없다. 오직 나만이 평가할 수 있다. 나 스스로 만족할 만한 가치 있는 인생이 되기 위해 당신은 오늘 하루를 어떻게 보낼 것인가. 그걸 생각하는 것만으로도 좋은 출발점이다.

인생을 평가할 수 있는 기준은 없지만 시간의 가치는 때때로 돈으로 평가받을 수 있다. 누군가는 한 시간에 최저 시급을 받지만 누군가는 한 시간에 천만 원, 억 단위 돈을 버는 것처럼. 질적인 의미의 시간의 가치도 중요하지만 동시에 외부적으로 평가받을 수 있는 시간의 가치도 충분히 높일 수 있다.

개인적 의견이지만 기왕이면 당신의 시간 가치가 내재적인 의미의 시간의 가치이든 돈으로 평가받을 수 있는 시간의 가치이든 높게 평가받으면 좋겠다. 나 또한 두 가지 모두를 높이기 위해 부단히 노력하고 있다. 두 가지 가치를 모두 높이기 위해서는 남들이 그저 흘려보내는 한 시간과 당신이 보내는 한 시간은 달라야 한다. 이미 그 방법은 앞에서 충분히 제시했다.

다시 한번 강조하는 것이지만 당신의 시간은 너무 소중하다. 되돌릴 수 있는 시간이 없으므로 그 소중함을 알았다면 무엇이든 떠오르는 것, 깨달은 것이 있다면 지금 하라. 마지막으로 다음의 명언을 꼭 기억했으면 한다.

"미래는 현재 우리가 무엇을 하는가에 달려 있다."

-마하트마 간디

4장

[스피치의 기술]
말하기에도 기술이 있다

말 잘하는 사람으로 사는 세상, 이보다 편할 수 없다

대학교 1학년, 풋풋한 새내기 시절, 처음으로 남들 앞에서 준비한 프레젠테이션 발표를 한 적이 있다. 결과는 어땠을까? 단연코 내 인생에 부끄러웠던 순간 중 한 장면이었다 말할 수 있다. 그날 발표를 들은 친구가 한 마리의 양인 줄 알았다는 말을 듣고서는 얼굴이 시뻘겋게 변했었다. 내향적이지도 않고 주변에서 말 잘한다는 얘기도 자주 들었기 때문에 사람들 앞에서 스피치 한다는 것이 쉬울 거라는 내 예상과는 달랐던 것이다. 말주변이 좋은 것과 대중 앞에서 스피치 한다는 것은 또 다른 것임을 깨달았다.

아마 이와 같은 경험은 비단 나뿐만이 아닐 것이다. 이 글을 읽는 독자분들 또한 남들 앞에서 말하는 것이 두려워 긴장으로 손에 땀을 쥐고 있었던 순간들을 쉽게 떠올려 볼 수 있다. 외국 사람들을 보면 대중들 앞에서 자기 생각을 조리 있고 강단 있게 잘만 전달하는데 우리는 어쩐지 그런 모습이 스스로 어색하기만 하다. 초등학교부터 사회에 나오기 전까지 사람들 앞에서 말하는 연습은커녕 경험해 본 적도 없다 보니 대중 앞 스피치라는 것이 낯설게 느껴지고 입과 몸이 얼어 붙어버릴 수밖에 없다.

지금까지는 그렇게 사는 게 불편함이 없었을지 몰라도 시대가 바뀌고 있다. 자기 생각을 다양한 방법으로 잘 표현하는 것이 경쟁력이 되는 사회다. 여러 소셜 미디어만 봐도 무슨 말인지 이해가 갈 것이다.

스피치에 대한 중요성은 이뿐 아니다. 대학생들은 학점을 위해 과제 발표도 하고, 취업준비생들은 직장을 위해 스피치를 준비한다. 직장인은 새로운 프로젝트 계약을 위한 프레젠테이션을 발표한다. 마케팅 회사에서 사업 제안 및 기획을 담당하는 한 친구는 아무리 철저한 자료 준비와 PPT를 멋들어지게 만들어도 그 사업을 발표하는 것이 매력적이지 않으면 그 계약은 성사되기 어렵다고 했다. 더불어 스타트업과 창업 및 사업에 대한 영역이 활발해진 지금, 사업을 하는 사람들은 투자자나 소비자들 앞에서 내 사업의 아이템과 비전을 멋지게 판매할 수 있어야 한다. 아무리 좋은 제품인들 구매자들의 마음을 움직이지 못하면 외면당하기 십상이다.

이처럼 많은 사람들이 다양한 목적으로 말을 하며 살아가고 있다. 하지만 말을 잘하기란 말처럼 그리 쉬운 일은 아니다. 사람들 앞에 서기 전부터 우리는 떨고 있으며 남들 앞에 나서서 스피치 하는 것이 어렵기만 하다.

앞서 언급했던 것처럼 다가오는 시대는 '스피치 시대'라고 해도 과언이 아니다. 스피치를 잘하는 사람이 리더도 되며 경쟁력이 있기에 돈도 많이 번다. 그럼 어떻게 하면 '말 잘하는 사람'으로 경쟁력을 높일 수 있을까?

그에 대한 방법이 이 책에 제시되어 있다. 세일즈 우먼에서 관리자가 되기까지 커뮤니케이션 및 스피치 실력의 향상 없이는 기대하는 좋은 결과를 얻기 힘들다. 고객 판매부터 팀원들 및 고객사와 소통하며 원하는 결과들을 이뤄내기 위해서 부족했던 스킬들을 5년 동안 여러 방면에 걸쳐 갈고 닦았다. 그리고 지금은 100명이 넘는 사람들 앞에서 한국인뿐 아니라 외국인들 앞에서도 강의하고 있다. 한 마리의 떠는 양과 같았던 나도 바뀔 수 있다면 의지가 있는 당신도 충분히 할 수 있다.

다행스러운 것은 스피치는 배우면 누구나 잘할 수 있다는 것이다. 말 못 하는 사람도, 대중 앞에서 떨려 준비한 것들을 늘 다 보여주지 못하는 사람도 자신감이 없는 사람도 방법을 익히고 사람들 앞에 많이 서 보면 분명히 달라진다. 소위 말 좀 하는 사람들도 그들의 스킬들을 더욱 업그레이딩 시킬 수 있다. 내가 그랬던 것처럼. 말주변이 좋은 것과 스피치 실력이 좋은 것을 착각하면 안 된다. 또한 말을 많이 한다고 해서 말을 잘하는 것이 아니다.

스피치를 잘하기 위한 책들을 보면 세부적이고 구조적으로 접근하여 스피치를 잘하기 위한 방법들을 하나하나 자세히 알려준다. 한 권 전체가 스피치에 관한 이야기다 보니 어느새 몰입도도 떨어져 책 한 권 끝내는 것이 힘들기만 하다. 나는 이 책에서 20대 30대가 갖추어야 할 역량 중에 스피치에 대한 중요성에 대해 말하고, 더불어 스피치를 잘하는 데 꼭 필요한 핵심들만 알려주고자 한다. 스피치를 잘하는 핵심 노하우 및 방법을 단계적으로 익히면 당신의 스킬 및 역량은 2배 이상 향상될 것이다. 아마 이 파트를 읽고 나면 왠지 모르게 사람들 앞에서 말하고 싶은 자신감이 마구 솟아나지 않을까?

더 이상 말 안 통하는 사람과 말 못 하는 사람은 매력이 없다. 다음의 방법들을 통해 당신은 더욱 아름답게 빛날 수 있다. 대중 앞 멋지게 말하며 사람들에게 감동을 주어 박수 받는 당신이 벌써부터 기대되지 않는가?

스피치, 준비가 8할이다

"나에게 나무를 벨 시간이 주어진다면 도끼를 가는데 80%를 쓰겠다."

-에이브러햄 링컨

미국의 역대 대통령 중 단연 위대한 인물은 에이브러햄 링컨일 것이다. 무엇을 하는데 앞서 준비가 얼마나 중요한지를 알게 해준다. 당신에게 곧 대중 앞에서 스피치 할 기회가 주어진다면, 무엇부터 시작하겠는가?

어떠한 내용이든 스피치 하는 데 있어 중요한 것 그리고 가장 먼저 해야 할 것은 바로 '사전 준비'다. 모두가 그러지는 않지만 간혹 발표하는 사람 중 자신의 언변에 의지하거나 불성실한 준비로 정작 내용은 별로 없는 경우가 있다. 그러나 똑똑한 청중들은 이미 알고 있다. 스피커가 해당 내용에 대한 준비를 얼마나 했는지를. 비록 한 두 명이 들을지라도 상대방이 당신에게 시간과 눈과 귀를 내어주는 것만큼 그에 상응하는 메시지를 잘 준비해서 전달해야 한다. 다음의 실제 이야기는 준비가 얼마나 중요한지를 보여주는 사례다.

지인 L 씨는 현재 기업을 대상으로 강의를 하는 인기 강사다. 과거 사내에 있는 교육 프로그램에서 자신이 준비한 발표를 통해 그녀의 인생은 180도 달라졌다. 회사에서는 일주일에 한 번씩 80여 명의 직원들이 한 명씩 돌아가며 50분 동안 발표하는 교육 프로그램이 있었다. 각자 자신이 전달하고 싶은 영역이나 자기가 잘하는 분야에 대해서 팁이나 도움이 될 만한 것들을 공유하는 시간이었다. 해야만 하는 시간을 때우기 위해 부실하게 준비한 사람들과 다르게 L 씨는 자신이 감명 깊게 본 책에 대해 잘 정리할 뿐 아니라 도움이 될 만한 자료들을 PPT로 준비했고, 요약한 유인물까지 청중에게 나누어 주었다.

난생처음 대중 앞에서 하는 스피치였지만 철저한 사전 준비로 L 씨는 이달의 우수 스피커 1등으로 뽑히게 되었다. 이 계기를 통해 강의에 흥미를 느껴 전문 강사로서의 일을 시작하게 되었고, 지금은 많은 이들에게 러브콜을 받으며 강사로서 바쁘게 살고 있다. L 씨가 계속해서 많은 기업이나 관계자로부터 좋은 피드백을 받을 수 있던 이유는 그 누구보다 성실한 내용 준비에 있었다.

이처럼 스피치 실력이 부족해도 준비를 잘하는 것만으로 청중들이나 관계자의 마음을 살 수 있다. 그럼 어떻게 무엇부터 준비해야 할까. 단계별로 알아보자.

1단계, 브레인스토밍으로 콘텐츠 정리하기

스피치를 준비할 때는 우선 주제를 정하고, 그 주제와 관련된 내용을 자유롭게 생각해 보는 것이 중요하다. 이 단계에서 내가 전달할 수 있는 내용은 무엇이며, 청중이 듣고자 하는 내용은 무엇인지 고민해 보자. 스피치가 익숙하지 않은 사람들은 처음부터 완벽히 구조화하려고 하면 시간이 오래 걸리고 아이디어를 놓칠 수 있다. 따라서 주제와 관련된 생각을 무작정 노트에 적거나 타이핑 해보자. 팁이 있다면 가만히 앉아 집중적으로 생각하는 것도 방법 중 하나지만 일상에서 문득 떠오르는 아이디어를 기록해 두었다가 추가하는 것도 효과적이다. 이렇게 브레인스토밍이 끝나면 주제에 맞는 핵심 내용을 선별하여 정리한다.

2단계, 내용을 뒷받침할 자료를 수집하라

무엇에 관해 얘기할지 어떤 내용이 있어야 하는지 1단계를 통해서 파악했다면, 다음은 자료 수집 단계다. 김치와 물만 들어간 김치찌개보다 정성스레 담근 묵은지, 물이 아닌 육수, 돼지고기, 마늘, 파, 라면 사리 등 신선한 재료가 듬뿍 들어간 김치찌개의 맛은 분명한 차이가 있다. 마찬가지로 스피치 또한 자료를 얼마나 풍부하게 준비하느냐에 따라 차별화된 스피치를 할 수 있다. 무엇을 어떻게 수집해야 할까? 생각보다 자료를 얻을 수 있는 채널은 무궁무진하다.

책에서 봤던 글, 뉴스나 기사, 삶의 경험, 인터넷 정보, 관련된 내용의 다른 사람 강의, 유튜브 등 주변의 모든 것이 자료가 된다. 나의 지식이나 아이디어와 같은 내가 가지고 있는 자료를 활용할 수도 있고, 이미 남들이 만들어 놓은 것으로 자료를 얻을 수도 있다. 평소 나와 관련된 분야의 카테고리를 설정하여 내게 필요한 자료들을 틈틈이 모아두자.

나와 관련되고 관심 있는 분야에 대해 미리 카테고리를 설정하고 지켜보면 그에 필요한 자료들을 여러 채널을 통해 얻을 수 있다. 이렇게 틈틈이 얻은 자료들은 스피치를 준비하는 데 있어 자료 수집으로 인한 시간을 단축해 줄 뿐 아니라 스피치에 탄탄한 내용을 더해준다.

3단계, 도구를 활용하라

자료 수집을 탄탄하게 했다면 형식에 맞는 채널을 설정하고 본격적으로 내용을 가다듬는 단계다. 토크 콘서트, 강연과 같이 담담하게 자신의 스토리를 말하는 시간인지, 계약을 성사시키거나 누군가를 교육하는 스피치인지에 따라 방법을 선택할 수 있다. 시각적인 자료나 내용을 동반한 PPT의 여부나 유인물 인쇄 작업을 통해 당신의 스피치에 도움이 될 도구들을 준비한다.

사람들은 보통 3가지의 방법 중 자신에게 맞는 학습 방법을 통해서 효과적으로 학습한다. 첫 번째, 귀로 들으며 배우는 방법. 두 번째, 시각화된 자료나 이미지 등을 보면서 배우는 방법. 마지막으로 직접 작동해 보거나 경험해 보면서 학습하는 방법이다. 당신 앞에 있는 청중들은 어느 한쪽으로만 선택되어 모인 사람들이 아니기 때문에 세 가지 학습 방법이 모두 드러나질 수 있도록 자료를 찾고 도구를 활용한다면 더욱 좋다.

4단계, 리허설은 실전처럼 준비하라

1단계부터 3단계까지의 과정들을 거쳤다면 마지막으로 실전 연습의 단계다. 스피치 장소나 연습 장소에 미리 가서 준비한 스피치를 리허설 해보자. 실제 사람들이 앞에 있다고 상상하며 일어서서 스피치 연습을 해보는 것이다. 어디서 막히는지 연습을 통해 부족한 부분을 보완할 수 있다. 또 꼼꼼하게 잘 준비했다고 생각했지만, 리허설을 해보면서 보충이나 불필요한 부분을 제거할 수도 있고 더 좋은 아이디어가 떠오를 수도 있다. 리허설은 발표 직전까지도 더 좋은 내용이 있으면 수정한다는 생각으로 준비하는 것이 좋다. 미리 입을 풀며 소리를 내서 연습할 수 있으므로 실제로 할 때도 더욱 매끄러운 진행이 가능하다. 무엇보다 해당 장소에서 미리 사전 리허설을 해볼 때 익숙해진 장소에서 더욱 긴장을 덜어낼 수 있다.

리허설을 할 때 피드백을 해줄 수 있는 사람이 있다면 더욱 좋다. 피드백은 당신의 발전을 위한 것이니 적극적으로 수용하자. 진행해 보면서 예상 〈Q&A〉도 준비할 수 있다. 스피치를 하다 보면 실제 준비한 발표보다도 긴장되는 순간이 〈Q&A〉 시간이다. 사전 질문을 예상하고 답변한다면 좋겠지만 청중은 어떤 질문을 할지 모른다. 사전 〈Q&A〉에 대한 예상 질문 및 답변이나 발표 중 경험할 수 있는 예상 돌발 상황들을 미리 이미지 트레이닝 하며 준비해 보자.

대중 앞 프레젠테이션이나 스피치를 잘하기 위해 당신이 준비하는 시간은 얼마나 되는가. 잘하고 싶다면 잘하고 싶은 만큼 준비해야 한다. 하지만 너무 오랜 시간을 투자해서 준비하는 것도 지나칠 수 있다. 스피치를 위한 당신만의 필요한 시간이 어느 정도인지를 파악하고 그 시간 동안 준비할 수 있는 모든 최선을 다해보자. 3일이면 3일, 일주일이면 일주일, 한 달이면 한 달, 충분한 사전 기간을 확보하여 틈틈이 발표를 준비하는 것이다. 중요한 것은 조급하게 준비하지 말고, 시간을 확보하여 스피치를 위한 충분한 준비를 하는 것이다.

내용보다 중요한 이것!

메라비언의 법칙에 대해 들어본 적이 있는가. 대화에서 시각과 청각 이미지가 중요시된다는 커뮤니케이션의 이론으로 좀 더 자세히 말하면, 한 사람이 상대방으로부터 받는 이미지는 시각이 55%, 청각이 38%, 언어가 7%에 이른다는 법칙이다. 네이버 지식백과에서는 메라비언의 법칙에 대해 다음과 같이 구체적으로 설명한다.

"시각이미지는 자세·용모와 복장·제스처 등 외적으로 보이는 부분을 말하며, 청각은 목소리의 톤이나 음색(音色)처럼 언어의 품질을 말하고, 언어는 말의 내용을 말한다. 이 이론에 따르면, 대화를 통하여 상대방에 대한 호감 또는 비호감을 느끼는 데에서 상대방이 하는 말의 내용이 차지하는 비중은 7%로 그 영향이 미미하다. 반면에 말할 때의 태도나 목소리 등 말의 내용과 직접적으로 관계가 없는 요소가 93%를 차지하여 상대방으로부터 받는 이미지를 좌우한다는 것이다."

 이 이론을 통해 알 수 있는 것은 말의 내용보다 시각적 청각적 요소가 이미지 형성이나 커뮤니케이션에서 더 중요한 역할을 한다는 사실이다. 이러한 법칙은 대중 앞 스피치를 할 때에도 고스란히 적용된다. 스피치를 잘 못하는 사람들은 스피치를 준비할 때 '내용'에만 몰두하는 실수를 한다. 정작 중요한 것은 그 외적인 것에 있는데도 말이다.

 내용의 치중한 스피치는 오히려 몰입도를 떨어뜨려 청중들의 관심을 잃어버리게 한다. 예컨대 교장선생님의 훈화 말씀이나 TV 뉴스에서 있는 글을 고대로 읽는 정치가들이나 공무원을 상상해 보면 어떨까. 물론 내용은 사실을 기반으로 필요한 정보들이 잘 전달되어야 하지만 스피치에 있어 내용보다 더 신경 써야 할 부분은 바로 다음의 5가지라 말할 수 있다.

 내용이 다소 부족하더라도 앞서 5가지 요소들이 당신의 스피치에 적절하게 가미가 된다면 충분히 프로다운 인상과 느낌을 청중에게 줄 수 있다. 이 부분만 신경 쓰고 업그레이드시켜도 좋은 스피커로 평가받을 수 있는 것이다.

내용보다 중요한 이것 첫 번째,
이미지

첫인상은 소통의 시작이다. 사람들은 일관성을 유지하려는 심리 때문에 일단 형성된 첫인상은 쉽게 바뀌지 않는다. 이를 설명하는 법칙이 바로 초두 효과(Primacy effect)다. 먼저 제시된 정보가 추후 알게 된 정보보다 더 강력한 영향을 미치는 현상을 말한다.

미국의 뇌 과학자 폴 왈렌(Paul J. Whalen)의 연구에 의하면, 우리는 뇌의 편도체(amygdala)를 통해 0.1초도 안 되는 극히 짧은 순간에 상대방에 대한 호감도와 신뢰도를 평가한다고 한다. 첫인상을 결정짓는 중요 요인은 외모, 목소리, 어휘 순으로 나타났다. 그러므로 대중 앞 스피치를 하는 데 있어서 사람들의 호감을 살 수 있는 가장 기본적이고도 필요한 것이 이미지다.

[참고: 네이버 지식백과 '상식으로 보는 세상의 법칙 : 심리편' 초두 효과]

스피치를 한다는 것은 내가 원하는 메시지를 그들에게 전달하는 과정이며 상호 간의 소통을 기반으로 이루어진다. 대중 앞에 선 스피커는 당연히 호감을 줄 수 있어야 하며 전달자로서의 신뢰감이 있어야 한다. 그러기 위해서 가장 기본적으로 신경 써야 할 요소가 바로 적절한 이미지이다. 지나치게 겉모습을 꾸미라는 것은 아니다. 적절하고 깔끔한 옷차림, 밝은 표정과 미소, 정돈된 모습으로 좋은 이미지를 형성할 수 있다.

내용보다 중요한 이것 두 번째,
아이스 브레이킹-적절한 유머

처음 만난 사람과는 낯설고 어색하기 마련이다. 그러한 분위기를 깰 수 있는 적절한 액션은 바로 '웃음'이다. 개그맨들이 예쁜 아내들과 결혼할 수 있는 이유도 상대방에게 유머러스한 매력으로 호감을 사는 능력이 있기 때문이 아닐까. 긴장감이 팽팽한 상황에서 청중들은 대게 방어적일 수밖에 없다. 하지만 일단 한번 웃게 되면 긴장감과 경계심이 풀린다. 그러면 전달력을 배로 높일 수 있다. 유명한 스피커들은 유머 감각이 있는 사람이다. 내가 알고 있는 어떤 스피커는 머리가 대머리인 분이신데 그러한 자신의 신체적 특징을 스스럼없이 대중 앞에 드러내 사람들의 웃음과 공감을 얻기도 한다.

혹은 주제와 관련된 적절한 에피소드가 있다면 이를 활용해도 좋다. 서두(오프닝)에 재미있는 혹은 공감대를 형성할 수 있는 이야기로 청중들의 호감을 사라. 웃길 수 있는 자신이 없다면 청중과의 적절한 공감대를 찾아 청중과 나를 연결할 수 있는 적절한 멘트나 칭찬으로 관계를 형성할 수 있다.

내용보다 중요한 이것 세 번째,
TONE OF VOICE

적절한 보이스 톤과 말의 속도가 스피치의 직접적인 영향을 미치는 것을 나는 경험으로 깨달았다. 원래부터 말이 빨라 '미달이'라는 별명을 가지고 있었던 나는 처음 판매를 위한 피칭을 할 때나 대중 앞 발표를 할 때도 말의 속도가 굉장히 빨랐다. 또한 스피치에 능숙하지 않다 보니 상대방을 배려하지 않는 일방적인 스피치를 했다. 내가 하고 싶은 말을 하고 싶은 방식대로 속도와 빠르기, 목소리 톤, 청중의 이해 여부와 상관없이 이야기했다. 강약 조절 없이 쉴 새 없이 하이 톤으로 따다다다 빠르게 이야기한 것이다. 강의 후 사람들의 피드백을 들어보면 말이 빨라 무슨 말인지 잘 못 알아들었다. 놓친 것이 종종 있었다는 내용이었다. 나 스스로 녹음을 해서 들어보니 말이 빨라 전달력도 떨어지고 귀가 피곤했다.

스스로 피드백을 가지고 나서 상대방이 듣기 좋은 혹은 신뢰를 주는 목소리 톤은 무엇인지 연구했다. 목소리로 상대방의 신뢰를 주는 혹은 전문가다운 사람들의 보이스 톤을 들어보고 녹음도 하면서 상대방을 배려한 목소리 톤에 집중했다. 의도적으로 말의 속도를 조절하기 위해 스스로 대본을 만들고 끊어주는 연습을 하기도 하고, 중간에 의도적으로 커피나 물을 마시는 행동으로 말의 속도나 템포를 조절하려 노력했다.

조절하는 연습을 하던 초반에는 오프닝에서 청중들에게 말했다. "제가 평소 말이 빠른 편이라 미달이라는 별명이 있습니다. (웃음) 너무 빨라 전달이 잘 안되는 경우가 있다면 과감하게 이야기해 주세요!" 나에 대한 약점을 청중에게 있는 그대로 드러내면서 공감과 관계 형성을 하기도 했다. 그러한 노력의 결과 전달력의 확실히 차이가 있음을 느꼈다. 이 부분을 바꾸는 것만으로도 스피치를 아주 잘한다는 평가를 듣게 되었다. 상대방이 듣기 좋은 목소리 톤과 템포 강약 조절이 스피치에 얼마나 중요한지 몸소 경험했다.

스타 강사나 목소리가 좋은 사람을 성대모사 하라는 것이 아니다. 내 목소리 중 속도의 빠른 부분은 없는지, 부정확한 발음은 없는지 목소리 톤이 너무 하이 톤이거나 지루한 일정한 톤이 아닌지 매끄럽지 못하고 더듬거리는 부분은 없는지 점검해 보자.

내용보다 중요한 이것 네 번째,
보디랭귀지

앞서 '메라비언의 법칙'을 통해 우리가 사용하는 보디랭귀지가 커뮤니케이션에서 크게 영향을 끼치는 것을 알았다. 적절한 보디랭귀지는 스피치의 전달력을 배가 시킨다. 사람은 눈빛, 표정, 손짓, 분위기 등 비언어적인 요소로 말의 진실을 파악하기 때문이다. 상황에 맞는 눈짓, 몸짓, 손짓, 발짓 등 제스처를 활용하라. 이때 몸으로 사용하는 제스처 외에 상황에 맞는 적절한 표정을 짓는 것은 중요하다. 힘들고 슬픈 얘기를 웃거나 밝은 표정으로 한다면 당연히 몰입이 되지 않는다. 또 스피치를 하면서 손을 너무 가만히 두거나 혹은 가만히 두지 못한다면 지루하거나 스피커의 말에 집중을 하기가 어렵다.

대중 스피치를 가장 잘하는 사람으로 알려진 사람 중에 오프라 윈프리의 연설을 한번 보자. 사진을 통해 알 수 있는 것은 그녀가 사용하는 제스처나 눈빛으로 그녀의 연설이 얼마나 강력한지를 한눈에 느낄 수 있다.

당신의 신체 일부를 스피치 도구로 자유롭게 활용하라. 이왕이면 소극적이고 작게 하기보다 두 손을 크게 벌려 할 수 있는 만큼 크게 써라. 이 부분은 사전에 연습이 필요하다. 막상 대중 앞에 서게 되면 전문적인 스피커가 아닌 이상 어색하고 얼어붙을 수밖에 없다. 충분한 연습 후 적절한 제스처와 표정으로 당신의 스피치에 자신감을 더하라. 이는 제대로 된 언어보다 청중에게 훨씬 더 효과적으로 콘텐츠를 전달할 수 있다.

내용보다 중요한 이것 다섯 번째,
청중 파악

청중들을 제대로 파악하지 못해 망신당한 적이 있었다. 대놓고 내가 한 주제의 스피치가 별로였다는 피드백을 들은 것이다. 얼굴이 빨개지다 못해 쥐구멍으로 숨고 싶었다. 사내 서울 경기 지점에서 했을 때는 피드백도 좋았고, 문제가 없었는데 같은 내용의 주제를 지방에 다른 지점에서 했을 때의 반응은 확연히 달랐다. 아무리 열심히 준비하고, 좋은 내용의 스피치라 느껴도 청중들의 성향이나 관심사를 파악하지 않고 일괄적으로 하는 스피치는 좋은 피드백을 받을 수 없다는 것을 알았다. 사실적인 내용 전달이나 새로운 정보를 얻는 것을 좋아하는 성향의 청중들과는 달리 공감과 교감, 에피소드 위주의 생생한 스토리를 선호했던 청중들의 스피치 접근은 달라야 한다는 것을 깨달았다. 스피치를 하기 전에 대상들이 어떤지를 미리 파악하는 것은 중요하다. 강의 대상, 기업 특징, 성별, 연령,

특징, 지역까지도 파악하고 그들과 연결 지을 수 있는 것을 미리 사전에 준비하라. 청중을 제대로 파악하지 않은 채 내가 준비한 것들만 늘어놓으면 청중들이 적극적으로 참여할 가능성은 작다.

스피치를 순식간에 구체화하는 툴

스피치를 순식간에 구체화하는 툴 하나,
[5 STEP 스피치]

종이에 코끼리 한 마리를 그린다고 상상해 보자. 그림을 그리는 방법에 대해서 잘은 모르지만 중앙에 눈, 코, 입부터 대뜸 그리는 사람은 아마 없을 것이다. 코끼리의 전체적인 윤곽을 잡고 나서 세부적인 것을 순서대로 그려 나가 색을 칠하는 것이 일반적이지 않을까. 스피치도 마찬가지다. 말할 때 머릿속에 떠오르는 것을 즉흥적으로 말한다면 듣는 이로 하여금 혼란을 줄 수 있다. 특히나 대중 앞에서 프레젠테이션하는 것이 익숙하지 않은 사람들은 어떻게 접근해야 할지 몰라 난관에 부딪힐 수 있다. 그런 사람들을 위해 여기서는 어떤 주제나 내용이든 누구든 멋진 스피치를 할 수 있도록 두

가지 툴을 소개하고자 한다. 그려진 밑그림에 당신은 얼마든지 원하는 색으로 칠을 더하기만 하면 된다. 첫 번째로 소개할 방법은 [5 STEP]이다.

1) INTRODUCTION(소개)

스피치를 시작하는 데 있어 중요한 것은 청중에게 호감과 신뢰도를 높이는 일이다. 그리고 이는 첫 소개로 이루어질 수 있다. 첫 소개에서 임팩트가 있어야 청중들이 주목하게 되고 내 말에 집중할 수 있도록 듣는 자세를 만들어 준다. 자신을 소개할 수 있는 짧고 강한 한 문장이 있다면 더욱 좋다.《생각 정리 스피치》의 저자 복주환은 이렇게 자기소개를 한 문장으로 만들었다.

> 보기만 해도 복이 생기는 남자,
> 여러분에게 복을 드리러 온 남자,
> 복! 복! 복! 복주환입니다!

그의 책을 보면 한국사 전문가이자 이제는 방송에서도 유명한 설민석 강사의 인트로는 다음과 같다.

> 역사를 사랑하는 대한민국 국민 여러분!

저는 21년 동안 이 땅에서 한국사 강의를 해온
한국사 전문가 설민석입니다.

나는 스피치를 할 때면 해당 주제에 맞는 나의 전문성을 높이기 위한 내용과 나의 열정을 담은 자기소개를 처음으로 한다. 예를 들어 사내에서나 외부에서 토픽을 할 때 다음과 같이 소개한다.

20대 연봉 1억, 최초 최연소 여성 지점장 정이레입니다.
또는
뜨거운 열정, 에너지를 전달하는 에너자이저 정이레입니다.

이처럼 첫 단계인 소개(introduction) 단계에서는 전문성이나 열정이 드러나 짧은 임팩트가 있는 한 문장으로 시작하면 좋다. 소개를 했다면 인트로(오프닝) 때 청중의 마음을 열고 호감을 사야 한다. 이때 가장 기본적인 것은 SEE(Smile, Eye contact, Enthusiasm)이며, 청중과 관계(relationship)를 형성하는 일이다.

Smile

거울이 먼저 웃지 않는 것처럼 청중도 먼저 웃지 않는다. 스피치를 시작할 때 청중을 향해 밝은 미소를 짓거나 유머러스한 모습을 보이면 연사에 대한 호감도가 높아지기 마련이다.

Eye contact

청중들과 눈을 마주치는 것 또한 중요한 부분이다. 청중들을 보면 다양하다. 열정적으로 듣는 자세를 취하는 사람이 있는가 하면 열의가 없이 대놓고 다른 것을 하는 사람들도 있다. 초보 스피커들은 집중하지 못하는 사람들을 보며 페이스가 무너지는 경우도 있다. 한 사람 한 사람 모두 눈을 마주치며 스피치할 필요는 없다. 내 이야기를 잘 들어주는 사람과 눈 맞춤을 하며 신뢰를 높이고 교감을 하면 된다.

Enthusiasm

말하는 사람이 열정이 없다면 듣는 사람에게 열정을 기대하기 어렵다. 인생에서 정말 재밌게 본 영화를 추천할 때 나의 모습은 어떠한가. 에너지 넘치는 표정과 말투 그리고 행동으로 알 수 있을 것이다. 그러한 열정이 담긴 추천을 들은 상대방도 그 영화를 볼 가능성이 높아질 것이다. 이처럼 앞에 서있는 스피커 또한 열정적인 모습으로 프레젠테이션에 임하면 청중들의 마음 또한 불을 지펴 적극적으로 듣는 자세로 만들 수 있다. 스피치는 단순히 사실과 내용을 전달하는 것만이 아닌 에너지를 전달하는 일이라는 것을 기억해야 한다.

Relationship

앞서 이 부분을 언급했지만 인트로 때 중요한 것 중 하나는 청중들과의 관계 형성이다. 관계 형성의 핵심은 서로 연결되어 있다는 것을 느끼는 것이다. 앞서 이야기했지만 칭찬이나 공감할 수 있는 오프닝 멘트나 칭찬으로 스피치 초반에 청중과의 관계를 형성해 보자.

2) SHORT STORY(문제 제기 및 제시)

임팩트 있는 소개를 하고 나서도 계속해서 청중들의 관심을 나에게 집중시키는 것은 중요하다. 따라서 본격적으로 스피치를 하는 데 있어 주제에 대해 호기심과 흥미를 유발하고 주목할 수 있도록 해야 한다. 해당 주제와 관련되어 사회적으로 이슈가 된 사례나 이야기(에피소드)를 하거나 청중들이 생각할 수 있도록 질문을 던져보자. 프레젠테이션의 내용에 따라 질문의 심화 정도는 다를 수 있다. 분위기가 아직 덜 풀렸다면 구체적인 답변을 기대하는 질문보다도 간단한 YES question도 좋다. 예를 들면, "이러한 사회적 이슈에 대해서 한 번쯤 들어본 적 있으시죠?" "해당 부분에 대해 고민해 본 적 있으시죠?" 등 No가 나올 수 없는 긍정적인 상태로 만들어 줄 수 있는 yes question을 유도하라. Yes를 자꾸 하다 보면 상대는 긍정적으로 되고 이는 당신의 스피치에 한층 더 몰입 하도록 만든다.

3) PRESENTATION(해결책 제시)

문제를 제기했다면 이를 해결할 방법을 명확하게 제시해야 한다. 스피치의 궁극적인 목적이자 이유이기 때문에 당신의 주장이나 주제를 뒷받침해 줄 수 있는 적절한 해결책 및 정보가 제시되어야 한다. 듣는 사람도 결국 이 부분을 통해 해당 스피치에 만족 여부를 결정한다. 아무리 콘텐츠나 커리큘럼이 좋고 외부적인 시설이나 공간이 좋아도 청중들은 유익한 정보나 감동을 얻지 못하면 시간과 돈을 낭비했다 생각할 수 있다.

주장하는 것에 관한 근거 및 정보를 전달하기 위해 철저하고 꼼꼼한 자료 수집은 필수이다. 그중에서 설득 포인트를 잡고 그에 맞는 사례들을 선정해 보자. 보통 [주제 - 주장 - 근거(큰 정보에서 작은 정보)] 순으로 스피치를 할 수 있다. 이때 너무 많은 내용을 어렵게 전달하려고 하면 안 된다.

훌륭한 프레젠테이션으로 '제2의 스티브 잡스'라는 별명을 얻은 유명한 사업가 일론 머스크의 프레젠테이션을 살펴보자. 그의 스피치는 초등학교 6학년도 충분히 이해할 수 있다. 그가 프레젠테이션으로 추구하는 가치는 바로 '쉬운 표현'이다. 쉽고 명료하게 설명하는 그의 능력 덕분에 사람들에게 최고의 연설로 꼽히고 있다. 이처럼 해결책을 제시하는 부분에서는 특히 KEEP IT SIMPLE AND SHORT(KISS, 최대한 간단하고 간결하게)로 청중에게 핵심을 간결하게 전달할 수 있어야 한다.

4) CLOSE(마무리)

시작을 잘했다면 끝도 잘 마무리가 되어야 한다. 결론이 애매하거나 마무리가 확실하지 않으면 뭔가 찜찜하고 좋은 인상을 남기지 못하기 때문이다. 무엇보다 마무리를 하면서 청중들의 마음을 움직이거나 행동을 촉구하도록 만드는 것은 아주 중요한 작업이다.

가장 쉬운 첫 번째 방법은 내용을 요약하는 것이다. 청중들이 당신의 주장이나 방법을 기억하게 하려면 요점에 숫자를 붙여 순차적으로 정리해 보자.

두 번째 방법은 내용과 관련된 글 또는 명언이나 스토리로 감동적으로 마무리하는 것이다. 유명한 사람들이 말하는 것은 신뢰할 수 있으며 임팩트가 있어 훨씬 기억에 오래 남는다. 주제에 관한 명언을 검색해 보거나 평소 읽는 책에서 기억에 남는 말이 있다면 메모로 기록하거나 사진을 찍어 핸드폰에 보관해 두면 좋다.

세 번째 방법은 행동을 촉구하는 것이다. 어떻게 행동으로 이어지게끔 마무리할 수 있을까. 여러분도 할 수 있다는 용기를 더하는 말이나, 실제 어렵지 않은 작은 행동을 취할 수 있도록 방법을 알려주거나 제시해 보는 것도 좋다. 나 같은 경우는 시간이나 돈을 관리하는 방법을 주제로 강의할 때 마지막에 내가 오늘 당장 할 수 있는 작은 액션 한 가지를 글로 써보고 발표하게 한다. 거창한 것이 아니라 오늘 실천할 수 있는 작은 것을 정확히 인지하게 하여 행동으로 이루어질 수 있도록 하는 것이다.

끝으로, 마무리를 하자면, 결론적으로라는 말로 끝까지 경청해 준 청중에게 감사 인사를 하며 마무리하라. 마무리했다면 더 말을 이어나가서는 안 된다.

5) Q&A(재확인)

스피치를 잘 못해도 Q&A를 잘하면 청중이나 듣는 사람을 만족시킬 수 있다. 실제로 아는 지인은 고객사를 대상으로 프레젠테이션보다 Q&A에 사활을 걸고 고객사가 만족할 수 있는 답변으로 계약을 성사시킨 적이 있다.

준비한 프레젠테이션보다 실제 Q&A가 더욱 어려운 경우가 있다. 스피치는 준비했지만 상대방이 어떤 질문을 할지, 무엇을 궁금해할지 정확히 모르기 때문이다. 그러나 말을 잘하는 사람들은 예상되는 질문까지도 철저히 준비한다. 그러므로 예상 질문이나 해당 내용의 전문성을 더할 수 있는 추가적인 공부를 발표 하기 직전까지 해야 한다. 또한 기억해야 할 것은 질문자에 대한 정확한 의도나 질문을 파악하고 다시 확인해 보는 것이다. 질문을 제대로 파악하지 못하면 답변할 때 안 하느니만 못하게 된다.

질문자의 질문이 이것이 맞는지 한 번 더 구두로 확인하고 그에 맞는 답변을 할 수 있어야 한다. 이때 잘 모르는 것을 아는 척 답변하거나 어물쩍 넘어가는 것도 좋은 인상을 주지 못한다. 모르는 것은 모른다고 확실히 이야기해서 추후에 팔로우 업하는 것이 훨씬 좋은 인상을 준다.

질문자를 칭찬하는 것 또한 Q&A 시간에 필요하다. 해외 지점장들이나 유명한 스피커들을 보면 스피치를 하고 나서 질문을 받을 때 질문한 사람을 꼭 칭찬하는 것을 봤다. 아주 좋은 질문이에요. 흥미로운 질문입니다. 등 간단한 칭찬으로도 스피커에 대한 여유로움과 전문성을 보여주기도 한다.

스피치를 순식간에 구체화하는 툴 둘,
[WHAT-WHY-HOW]

스피치로 바로 구체화하는 '5 STEP 스피치' 방법을 알았다면 여기 손쉽게 활용할 수 있는 또 다른 스피치 툴이 하나 더 있다. 바로 'WHAT-WHY-HOW 구조'의 스피치다. 스피치를 잘하기로 유명한 스티브 잡스나 일론 머스크의 프레젠테이션을 들어보면 이러한 방법으로 활용한 것을 알 수 있다. 어떤 주제의 내용이든 쉽게 대입할 수 있다.

스피치를 한다는 것은 상대방을 이해시키고 공감하도록 설득하거나 설명하는 과정이다. 주제에 관해 이유와 그에 따른 충분한 설명과 해결책을 제시하지 못한다면 상대방의 공감을 얻기 어렵다. What-Why-How 스피치 방법은 '문제점 발견'에서 '해결'이라는 흐름을 따라 스피치가 전개된다. 이러한 구조의 스피치는 말하는 것뿐 아니라 글 쓰는 작업에서도 유용하게 쓰인다.

나 또한 처음 책을 쓸 때 말하고 싶은 것을 중구난방으로 썼다. 그러다 이 툴을 가지고 맥락을 잡고 주제에 관한 충분한 설명과 방법을 제시하니 정리가 잘되고 글 쓰는 것도 한결 쉬워졌다. 말하는 것과 글을 쓰는 것은 표현 방식만 다를 뿐이지 원리는 같다. 말을 잘하는 사람들은 글도 잘 쓴다. 이러한 구조를 잘 익힌다면 스피치를 넘어서 글을 쓸 때도 분명 많은 도움이 될 것이다.

스피치를 처음 하거나 아직 익숙하지 않은 사람이라면 먼저 WHAT - WHY - HOW 구조를 기억하고 활용해 보는 것보다 시작해 보자. 이러한 순서대로 생각을 정리하고, 설계하고 다듬으면 점차 당신의 스피치 실력을 높일 수 있다.

1) WHAT

WHAT 부분에서는 기존의 문제점이나 원인, 계기 등을 통해 사람들의 공감을 끌어낼 수 있기에 첫 시작으로 적절하다. 당신의 프레젠테이션 주제는 무엇인가. 발표하고자 하는 핵심 주제가 있을 것이다. 그리고 주제와 관련하여 사람들이 공감하는 문제점은 무엇이며 당신이 말하고 싶은 것은 어떤 것들이 있는가. 한번 쭉 나열해 보자. 쭉 적어서 다시 한번 살펴보면 주제에서 벗어나거나 굳이 안 해도 되는 것이 있을 수 있다. 목록에서 발표할 부분들을 다시 한 번 정리해 보고 그에 관련된 정보나 이슈로 살을 붙여 문제에 해당하는 부분을 부각시킬 수 있다. 이 장에서는 문제점, 원인뿐 아니라 핵심 주제에 관련된 개념이나 정의에 대해서도 짚고 넘어가는 파트다.

2) WHY

WHY는 앞부분인 WHAT에서의 뒷받침이 되는 파트다. 왜 이런 문제가 생기는지 문제점이나 원인에 대한 이유를 밝힌다. 이 부분은 당신이 말하는 핵심 주제에 관해 왜 그런지에 대해 청중들이 납득할 수 있도록 충분한 설명을 하는 파트다. WHY를 통해 당신의 핵심 주제에 대한 설득력을 높일 수 있다. 여기서는 실제 사례나 예시 및 비유를 든다면 청중들이 이해하기 쉽고 공감도 더 잘 된다. 스피치를 잘하는 사람들은 청중들이 이해하기 쉽도록 비유를 잘하는 사람이다.

3) HOW

HOW에서는 '그럼 어떻게 해야 할까'에 대해 초점을 맞춘다. 즉 앞서 제기한 문제점을 어떻게 해결할 수 있는지 방법을 솔루션으로 제시하거나 제안하는 것이다. 그러므로 보다 구체적이고 세부적인 방법들이 나와야 한다. 보통 노하우나 팁, 프로세스, 문제를 해결 방법들로 이루어진다.

나는 이러한 WHAT-WHY-HOW 프로세스로 주제에 대해 피치를 했다. 필요에 따라 WHAT 파트와 WHY 파트 순서가 바뀌기도 한다.

실전 스피치 DO AND DO NOT

세일즈 마케팅 회사에서 5년간 일하면서 나는 현장에서 최소 3만여 명 이상의 개인 고객에게 고객사의 브랜드 가치를 전했고, 그 중에서 또 3년을 연 100회 이상 사람들 앞에서 프레젠테이션을 해왔다. 회사와 계약한 클라이언트의 브랜드 가치를 고객에게 전하고 여러 종류의 교육 진행 및 기업 설명회를 하는 것이 내 일의 중요한 부분이다. 스피치 및 프레젠테이션 영역은 나에게 있어 빼놓을 수 없는 파트이기 때문에 스킬 향상을 위해 부단한 노력을 할 수밖에 없었다.

모든 것이 서툴렀던 초보 시절을 지나 역량을 끌어올리기 위한 배움과 경험의 시간을 통해 나는 한층 더 성장할 수 있었다. 그러한 경험을 통해 내가 얻은 실전 스피치 노하우를 공유하려 한다. 아주 심플하게 "speech do and do not(스피치 할 때 해야 하는 것과 하지 말아야 할 것)"에 대해 다음과 같이 정리했다.

DO(해야 하는 것) 'SSSTV'

1) Simple

만약 누군가 당신에게 아프리카 소수민족 언어로 1시간 동안 스피치를 한다면 어떻게 될까? 해당 언어를 알지 않는 이상 아마 우리는 전혀 집중하지 못하고 끝나기만 바라며 시계만 자꾸 보게 될 것이다. 듣는 청중들도 당신의 스피치가 외계어처럼 복잡하고 어렵게 느껴진다면 당연히 집중하지 못할 것이다. 그러므로 스피치를 할 때는 무엇보다 간단하고 명료하게 전달해야 한다. 핵심 메시지나 싱글 키워드를 선정하고 자료를 전달하는 도구 예를 들면 PPT는 간결하게 만드는 것이다. 복주환 작가는 그의 저서 《생각정리 스피치》에서 다음과 같이 말했다.

> "좋은 메시지의 특징은 한 문장으로 정리되며
> 그 안에 스피치의 목표와 줄거리가 담겨 있다."

스피치 주제가 있다면 전달하고 싶은 핵심 메시지를 정리하고 지속적으로 노출하는 것이 좋다. 스피치를 잘하는 스피커들을 보면

PPT 복잡하지 않다. 교육을 목적으로 할 때는 다를 수 있겠지만 그 목적이 아니라면 최대한 간결하고 문체나 디자인의 통일성이 있는 것이 좋다. 너무 많은 내용이 PPT에 쓰여 있으면 청중들은 내 이야기를 듣는 것보다 PPT에 집중하게 된다.

말할 때는 어려운 언어보다 초등학생도 이해할 수 있는 정도의 문장을 쓰는 것이 좋다. 앞에서도 언급했지만 세계적인 기업가 스티브 잡스나 일론 머스크도 기술적인 내용이 들어갈 수밖에 없는 제품을 소개할 때 아이들도 이해할 수 있도록 쉽고 간결하게 프레젠테이션한다. 1등 스피커, 1등 프레젠터들은 명확하고 단순하다.

2) Story telling

초보 시절, 스피치를 할 때 내가 간과하고 있던 것 중에 하나는 바로 '스토리텔링'이었다. 앞에 설 때 청중에게 좋은 정보나 노하우를 주는 사실적인 것에만 몰입한 나머지 공감대를 형성하는 이야기 및 에피소드 그리고 내 이야기는 전혀 하지 못했다. 그러다 보니 유익한 정보를 얻을 순 있어도 감동은 주지 못했다. 사람들은 이성과 논리보다 감성적인 것에 반응한다. 나의 진솔한 이야기가 분위기를 풀어내고 청중의 마음을 움직인다. 이러한 스토리텔링은 딱딱한 주제의 프레젠테이션도 재미있게 풀어낼 수 있다.

스토리텔링을 잘하려면 다양한 사례의 에피소드가 필요하다. 대중에게 인기 있는 스피커이자 에피소드 대가인 김미경 강사는 《아트 스피치》에서 이렇게 말했다. "나는 에피소드마다 격이 다르다는 걸 알게 됐다. 책 내용을 발췌 정리하는 것은 하급이다. 남의 경험 이야기는 중급이다. 친구에게 들은 이야기, 모임에서 들은 '카더라 통신' 같은 에피소드 말이다. 내가 직접 경험하고 판단해 다듬은 에피소드는 상급이다. 내 이야기이기 때문에 상황과 주제에 맞게 자유로운 각색이 가능하니 그만큼 설득력도 있다."

누구에게나 자신의 진솔한 이야기가 담긴 에피소드가 있을 것이다. 아직 소스가 부족하다면 주변을 관찰하는 것부터 시작해 보자. 관심 있게 보기 시작하면 의미 있게 다가오기 마련이다. 책을 읽다가, 기사를 보다가, 영화나 드라마를 보다가도 재밌는 이야기를 뽑을 수 있다. 이렇게 모은 에피소드들을 기록하고 기억해 두자. 당신의 스피치가 더욱 살아 숨쉴 것이다.

3) Something new

청중들은 앞에 서 있는 당신에게 무엇을 기대할까. 아마 그들이 모르고 있는 새로운 사실이나 정보 혹은 동기부여를 얻어 변화될 자신을 기대하며 당신으로부터 무엇인가 새로운 것을 얻기를 원할 것이다. 그런 청중에게 이미 알고 있는 것이나 기존의 것들을 얘기한다면 그들이 시간과 비용을 들여 자리를 지킬 이유가 없다. 따라서 앞에 서 있는 스피커는 청중에게 새롭고 흥미로운 정보나 내용을 전달할 필요가 있다.

자신만 알고 있는 노하우나 프로세스가 있다면 그 부분을 공유하면 되지만 아직 특별한 것이 없어도 괜찮다. 다만 해당 주제에 있어 특종 기사나 처음 보는 정보들을 누구보다 앞장서서 찾고 끊임없이 공부해야 한다.

다행히도 정보화 시대에서 우리는 다양한 채널을 통해 새로운 정보를 비교적 쉽게 얻을 수 있다. 뉴스 기사, 영상, 카페, 블로그, 관련 도서나 논문, 세미나, 현장 인터뷰까지 다양한 채널로 청중에게 필요한 정보를 제공할 수 있다. 이를 위해 스피커는 누구보다 부지런하고 발 빠르게 움직여야 한다.

4) Two way communication

앞에서 스피커가 자신의 메시지를 전달하는 것에만 집중한다면 무엇인가 잘못되었다. 스피치는 반드시 Two-way 커뮤니케이션이 되어야 한다. 청중들과 지속적으로 주고받는 상호작용이 이루어져야 하는 것이다. 그들의 눈과 귀를 열 뿐만 아니라 입이 열린다면 당신의 스피치는 성공적이다.

Two-way 커뮤니케이션은 대화, 눈빛, 반응을 통해 원활하게 이루어질 수 있다. 무엇보다 적절한 질문은 필수이다. 초보 스피커들은 청중이 대답하지 않을까 두려워 질문 던지기를 주저한다. 앞서 적절한 릴레이트(relate)를 쌓고 간단한 yes question이나 대답할 수밖에 없는 질문 또는 흥미롭거나 재미있는 질문을 던진다면 누구나 다 입을 열게 된다.

눈빛을 교환하는 것도 커뮤니케이션의 한 요소인데, 청중과 눈을 돌아가며 맞추는 것도 중요하다. 아직 청중 한 사람 한 사람과 눈 맞추는 것이 어색하다면 당신에게 집중하고 있는 한두 사람과 아이컨택하는 것도 방법이다.

또한 청중의 반응에 미러링(mirroring)한다면 금상첨화이다. 잘 듣고 있는 청중을 칭찬한다든지, 청중의 반응에 리액션을 해준다든지, 그들을 강의의 소재로 삼는다든지, 앉아있는 청중이 함께 몸을 움직이고 웃을 수 있도록 만들 수 있다면 더욱 좋다. 청중을 관심 있게 살피고 서로 주고받는 상호작용에 즐거움을 느낄 수 있도록 하는 것이 스피치에 있어 중요하다.

5) Vividly

굳어 있는 자세와 일정한 톤의 목소리 그리고 생동감 없는 표정의 스피치는 지루할 수밖에 없다. 스피치가 아직 익숙하지 않은 사람이라면 더더욱 긴장되어 굳어질 수밖에 없고 자신감도 떨어질 것이다. 자신감 있게 사람들 앞에서 이야기하려면 해당 내용에 대한 충분한 숙지는 필수다. 내가 해당 분야에 대해 정말 잘 알고 있다면 자신감이 생길 수밖에 없다. 마치 남자들이 군대를 다녀오고 경험한 군대 이야기나 화장품에 대해 전문가처럼 섭렵하고 있는 여자들처럼 잘 알고 있는 정보나 내용은 생동감 있게 얘기할 수 있다.

일단 스피커로 섰다면 뻔뻔해져도 좋다. 자신감 없는 모습보다 뻔뻔한 모습이 낫다. 앞에 서서 말한다는 것은 무엇인가 잘하고 있거나 그럴만한 가치가 있기 때문이다. 그렇다면 자신감을 가져도 좋다. 자신감 있어 보이는 사람은 눈빛, 목소리, 바디랭귀지가 다르다. 당신의 눈빛은 힘 있고 살아 있어야 하며, 목소리는 강약 조절을 하며 필요에 따라 적절한 침묵(silence)으로 긴장감과 집중력을 높일 수 있다. 말할 때 내용에 맞게 손도 적극적으로 활용해 보자. 말만 할 때보다 전달 효과가 2배 이상 높아질 것이다.

DO NOT(하지 말아야 하는 것) 'LOBU'

1) Lack or confident

대학생 시절, 워킹홀리데이로 뉴질랜드에서 있었을 때 한 뉴질랜드 친구를 알게 되었다. 그 친구가 나에게 지적한 것이 하나 있는데 바로 칭찬을 하면 그냥 "thank you"하고 받아들이라는 것이었다. 이상하게도 한국인을 포함해 동아시아인들은 칭찬을 하면 아니라고 손사래를 치는 경우가 많다. 외국에서는 잘하는 것을 칭찬해 주고 그것을 자연스레 땡큐하며 받아들인다. 자신이 부족해도 부족한 것에 대해 구태여 내 입으로 말하지 않는다.

겸손한 것처럼 보이는 것이 우리의 미덕이라고 생각하는 문화 때문인지 사람들 앞에서 스피치 할 때도 이러한 모습은 쉽게 볼 수 있다. 스피치를 처음 하는 사람들은 오프닝을 할 때 "이런 자리에 초대되어 영광이다"부터 시작해 "자신이 없지만…" 혹은 "부족하지만 잘 들어주세요"라는 자신감 없는 말로 스피치를 시작한다. 설사 스피치 능력이 아직 부족하다고 해도 오프닝 때 다음의 말들은 삼가는 것이 좋다.

청중들은 부족한 사람의 이야기를 듣기 위해서 그 자리에 앉아있는 것이 아니다. 능력이 있고, 전문성이 있으며 무엇인가 변화를 만들어 주기를 기대하는 마음으로 믿을 만한 사람의 말을 듣고 싶어 한다. "준비가 부족하다" "부족하지만 열심히 하겠다" 같은 비전문적인 모습의 말은 스피치 할 때 되도록 하지 않는 것이 좋다.

2) Over time

아무리 좋은 내용의 강의도 지나치면 도리어 해가 된다. 스피커 중에 무슨 할 말이 그렇게도 많은지 자기 말에 감동해서 온갖 것들을 덧붙이는 경우가 있다. 그야말로 요즘 말로 TMI(Too Much

Information)다. 또는 주제에서 벗어나 내용과 관련 없는 말을 하며 삼천포로 빠지는 경우도 더러 있다. 그러면 약속된 시간을 오버하기 쉽다.

청중들은 시계를 보거나 하품을 하면서 눈치를 주거나 지루해하지만 스피커는 끝까지 자기 할말을 이어나간다. 끝을 모르는 당신의 스피치를 청중들은 듣고 싶어 하지 않는다. 모두의 시간은 소중하고, 그러므로 주어진 시간이 있다면 지켜야 한다.

팁을 주자면 처음 발표나 스피치를 할 때 오늘의 일정과 시간에 대해 사전에 이야기하면 좋다. 예를 들어 "오늘 설명회는 총 40~50분에 걸쳐 다음의 내용들을 PPT로 설명하는 방식으로 진행될 예정입니다" 혹은 "오늘 강연은 15분 동안 ○○○에 대해 말하고자 합니다" 같이 시간을 미리 서로 간에 정해두고 시작하는 것이 좋다.

그리고 손목시계나 주변에 시간을 체크할 수 있는 것들로 당신의 스피치 시간을 틈틈이 조절하는 것이 필요하다. 사전 리허설 때 시간 안에 마무리하는 연습을 한다면 더욱 좋다. 아무리 좋은 이야기와 정보도 정해진 시간을 넘어가면 도리어 역효과를 불러일으킨다는 것을 스피커는 명심해야 한다.

3) Boasting

자신감과 자랑은 다르다. 지나치게 자기 자랑만 늘어놓는 것도 듣는 이로 하여금 눈살을 찌푸리게 만든다. 나는 한창 스피치 실력을 높이기 위해서 청중으로서 많은 세미나나 강연에 참석했었다. 종종 자기가 이룬 화려한 이력들을 내세워 자신이 얼마나 대단한 사람인지를 자랑하는 스피커도 봤다. 물론 자신이 이룬 성과에 대해 경험한 것에 대해 언급하는 것이 때로는 필요하지만 너무 대놓고 그 부분만 강조하면 오히려 안 하느니만 못한 결과를 낳을 수 있다.

나 역시 처음에는 내가 이룬 성과들을 나열하여 대놓고 자랑해본 적이 있다. 내 딴에는 "내가 이런 사람이야"라는 것을 이룬 성과로 증명했을 때 사람들의 존경과 신뢰를 얻을 수 있다고 생각했다. 하지만 결과는 내 예상과 달랐다. "그래서 어쩌라고?" 같은 청중들의 싸늘한 반응이 있었고, 나는 그러한 반응에 아니 도리어 반응 없음에 민망했었다. 경력과 그동안의 이룬 것들을 이야기하고 싶다면 단순 나열하는 것보다 스토리로 간접적으로 말하는 것이 좋다. 예를 들면 다음과 같다.

> **〈단순 이력 나열식〉**
> 안녕하세요. 정이레입니다. 저는 외국계 세일즈 마케팅에서 최연소 최초 여성 지점장이며, 세일즈 영역에서 높은 퍼포먼스로 다음과 같이 수상한 이력이 있고, 20대 연봉 1억을 벌어 남들과는 다른 20대를 여유 있게 보내고 있습니다. 이러한 저의 스킬과 노하우로 현재는 국내나 해외에서도 강의하고 있습니다.
>
> **〈스토리 방식〉**
> 안녕하세요. 많은 사람이 안정적인 직장을 선호하듯, 저 역시 대기업이나 공무원이 나에게 맞을지 고민하며 준비한 적이 있었습니다. 실제로 대기업의 글로벌 인턴십 프로그램에 서류 합격까지 했었죠. 하지만 젊을 때 새로운 도전을 통해 성장하고 싶다는 작은 울림이 있었습니다. 그래서 안정적인 길 대신 세일즈라는 새로운 영역에 뛰어들게 되었어요.
> 사실, 줄곧 거절당하고 현장을 뛰어야 하는 세일즈를 하게 될 거라고는 상상도 못 했지만, 선택한 길이기에 누구보다 잘하고 싶었습니다. 잘하는 사람들에게 배우고 부족한 점을 매일 개선하며 최선을 다했어요. 그러다 보니 어느새 지점 1위를 넘어 국내와 국제적으로도 세일즈 퍼포먼스 1위를 달성했고, 클라이언트의 칭찬과 수많은 퍼포먼스 상을 받을 수 있었습니다. 열심히 하다 보니 실력이 쌓였고, 그 실력에 걸맞은 높은 페이도 받을 수 있었습니다. 지금은 이러한 경험과 노하우를 국내외에서 강의하며 감사한 하루하루를 보내고 있습니다.

어떠한가. 스토리로 자신의 이력을 설명하니 지루하지도 않고, 청중들의 기억에 오래 남으며, 거부감도 덜할 것이다. 이처럼 어떻게 말하느냐에 따라 받는 느낌도 달라질 수 있다.

4) Unprepared

스피치를 하는 사람은 전문적이어야 한다. 내용이 일관성 없이 중구난방이거나, 같은 말을 중언부언하는 것, 조금만 찾으면 누구나 다 알 수 있는 그저 그런 자료들을 활용하는 것은 좋지 않다.

창의력 연구소 대표이자 작가인 박종하 대표는 잘못된 정보를 대중에게 주면 안 되는 이유를 동아 비즈니스 리뷰에서 다음과 같이 표현한다. "지식과 정보는 유통기한이 있기 마련이다. 조금 과장되게 얘기하자면 '어제의 지식은 오늘의 쓰레기'다. 상한 우유를 먹으면 배탈이 나는 것처럼 유통기한이 지난 지식을 잘못 적용하면 큰 손해를 볼 수 있다."

또 자료나 정보가 틀린 것, 준비한 자료의 내용을 잘 모르는 것, 영어 스펠링 또는 한글 맞춤법이 틀리는 것 모두 스피커의 자세로 적절하지 않다. 스피커는 쉬운 길을 택해서는 안 된다. 앞서 이야기 했지만, 누구보다 프로다운 자세로 끝까지 개선하고 전쟁을 앞둔 전사처럼 완전 무장해 준비된 모습을 갖추고 있어야 한다. 한두 명의 청중이든 그보다 많은 청중이든 대중 앞에 서 있는 한 당신은 프로이다. 프로다운 모습을 보여주기 위해서 전문적이지 못한 모습은 삼가야 한다.

롤 모델을 카피하라

언변이 뛰어나 사람들 앞에서 말을 타고나게 잘하는 사람은 극히 드물다. 누구나 처음은 사람들 앞에서 서면 긴장되고 굳어지는 것이 도리어 정상이다. 우리가 잘 알고 있는 유명한 스피커들도 처음부터 뛰어난 스피치를 했던 것은 아니었다.

'비전 강연의 달인'인 강헌구 교수는 20년간 2,000여 회 넘게 강연하는 전문가다. 그런 그도 초등학교 시절 말하는 것이 너무 어려워 출석 체크조차 대답하지 못해 1학년을 두 번 다니기도 했다. 그러한 과거를 겪은 지금, 수많은 연습을 통해서 지금의 자리에 오르게 되었다. 이처럼 말을 잘하는 사람도 잘하기 위한 피나는 노력을 했는데 그중 하나가 바로 롤 모델을 카피하는 것이다.

스피치를 잘하려면 잘하는 사람에게 배워야 한다. 마치 요리를 잘하기 위해서는 요리를 잘하는 셰프의 레시피를 따라 하는 것처럼 말이다. 혼자서 잘하기 위한 방법을 백날 연구하는 것보다 잘하는 사람의 스피치를 보고 배우며 나에게 적용하는 것이 스피치를 잘할 수 있는 빠른 지름길이다. 이미 대중으로부터 검증된 사람들이기 때문에 청중들로부터 좋은 반응을 끌어낼 수 있다. 그렇다면 어떻게 카피를 할 수 있을까?

[1단계] 롤 모델 스피커 선정 후 듣는 연습하기

무엇보다 어떤 분야로 스피치를 잘하고 싶은지, 관련 분야에서 뛰어난 스피커를 선정하여 그들의 스피치를 최대한 많이 들어보고 익히는 것이다. 훌륭한 스피커가 되기 위해 시간과 비용을 아낌없이 투자하라. 다양한 세미나나 강의도 참석해 보자. 비용적인 부분이 아직 여의치 않다면 무료로 제공되는 온오프라인 콘텐츠들이 많이 있으니 이 부분을 십분 활용할 수 있다.

나는 오프라인으로는 온오프믹스나 〈세바시(세상을 바꾸는 시간 15분)〉, SNS에 관심 있는 콘텐츠 구독해서 관심 있는 강의나 토크 콘서트가 있다고 올라오면, 참가 신청을 하고 직접 여러 강의를 들으러 간다. 또 온라인으로는 TED나 구독한 스피커의 유튜브를 보며 최대한 많이 듣고 필요한 것들을 내 것으로 적용하려 노력했다.

훌륭한 스피커가 되려면 훌륭한 청자가 되어봐야 한다. 청자의 입장에서 말하는 이가 어떻게 말하는지, 그들이 쓰는 단어나 콘텐츠, 장점 및 단점, 논리 구조, 눈빛, 목소리 톤, 보디랭귀지 등을 파악하기 위해 집중하여 경청해야 한다. 단, 판단은 금물이다. 청중이 된다는 것은 배우려는 자세로 임해야 하는 것을 명심해야 한다.

[2단계] 녹음하고 반복해서 듣기

오프라인 강의 중 녹음이 가능하다면 녹음을 해두는 것이 좋다. 일단 온오프라인 채널을 통해 들어보았다면 그중에 가장 임팩트 있었던 강의를 선정해 현장에서나 관련된 영상을 반복해서 들어보자.

나 같은 경우는 회사 사내나 외부에서 돈을 주고 들었던 강의를 녹음해서 틈틈이 시간 날 때마다 반복해서 들었다. 대중교통을 이용하는 시간이나, 약속에 일찍 도착했을 경우 혹은 잠자기 전의 시간을 활용했다.

[3단계] 분석해 보기

많은 스피치 서적을 보면 어김없이 나오는 것 중 하나는 바로 롤 모델의 스피치를 듣고 녹음해서 그들의 스피치 대본을 직접 써보는 것이다.

나 역시도 이러한 연습의 과정을 거쳤다. 유명 스피커들의 세미나나 강의에 참석해서 녹음하여 반복해서 들어보고 어떤 식으로 주제에 관한 이야기를 풀어나가는지 A4용지나 노트에 써가며 분석했다. 그들이 드는 예시나 에피소드, 오프닝, 엔딩, 내용의 핵심 메시지는 무엇인지 하나도 놓치지 않기 위해 집중했다. 배운 내용을 필요에 따라 출처를 밝히고 내 토픽에 적용할 때도 있었고, 그들의 스피치 구조를 적용하기도 했다. 스피치 구조를 적용한다는 것은 그들이 말하는 형식의 구조는 그대로 하고 내용을 내가 말하고자 하는 내용으로 바꾸는 것이다.

책을 잘 쓰기 위해서는 필사하라는 말을 들어본 적이 있을 것이다. 책의 내용을 필사하면서 글의 짜임이나 형식 형태를 손과 눈과 뇌로 익히다 보면 필력은 자연스레 높아지기 때문이다.

이처럼 말을 잘하는 사람의 스피치를 교재로 삼아 직접 눈으로 귀로 보고 들으며 손으로 분석해 보자. 글로 쓴다면 좋지만 컴퓨터로 해도 좋다. 그들의 말하는 구조를 익히는 연습을 하다 보면 어느새 말 잘하는 스킬뿐 아니라 글 쓰는 스킬 동시에 향상되는 자신을 발견할 수 있다.

롤 모델을 그대로 카피하는 것이 어쩐지 그래도 되는가 싶은 마음이 든다면 내 대답은 여전히 그래도 좋다는 것이다. "모방은 창조의 어머니다"라고 아리스토텔레스는 말했다. 내 것이 아닌데 내 것처럼 하는 것은 잘못되었다. 그런 모방을 하는 것이 아니라 다른 누군가의 잘된 사례를 보고 익히고 따라해 보면서 점차 나만의 방법을 만드는 것이 옳은 카피다. 표절과 창의적인 모방은 다르기 때문이다.

말 잘하는 사람의 내용을 똑같이 따라 하는 것이 아닌 그들의 형식과 짜임새를 활용해 나의 것을 집어넣으면 된다. 창조를 위해서는 모방은 반드시 필요한 작업임을 기억하라.

롤 모델의 강의나 영상을 많이 들어보고 그들의 스피치 방식을 분석해 보았다면 이제는 적용할 차례다. 처음에는 적용하는 과정이 그리 쉽지 않을 것이며, 스타 강사들처럼 완벽히 잘하지도 못할 것이다. 그러므로 온전히 습득할 때까지 계속해서 공부하고 배우며 적용해 보는 사이클을 소홀히 해서는 안 된다.

어느 정도 이러한 단계를 잘하고 있다고 해도 계속 당신의 스피치를 업그레이드하라. 말 잘하는 스타 강사들도 자신의 스피치를 업그레이드 하기 위한 피나는 노력을 여전히 하고 있다는 것을 명심해야 한다.

나를 세워줄 무대를 스스로 찾아라

좋은 콘텐츠를 가지고 있고, 실력을 갈고닦아도 막상 적용하지 못하거나 활용하지 않으면 "말짱 도루묵"이다. 회사에서 맡은 프로젝트를 발표하든 당신을 판매해서 계약을 따내는 프레젠테이션이든, 사람들 앞에서 자신의 진솔한 이야기 하는 자리의 스피치든 강사를 준비하는 사람이든 일단 무대에 서라. 설 수 있다면 자주 서 보는 게 좋다.

아마 아무리 열심히 준비해도 처음에는 지우고 싶은 기억이 될 수도 있을 것이다. 그러나 좋은 피드백을 얻지 못한다고 해서, 실수했다고 해서 두 번 다시 하지 않겠다는 마음은 적절하지 않다. 사람들은 실패하는 것이 무서워 자신이 잘할 수 있는 일도 도전하지 못하고, 다시 시작하지 못한다. 하지만 그런 마인드와 삶의 태도로는 결코 자신의 인생을 주도적으로 살 수 없다. 실수는 당연한 것이고,

같은 실수를 계속해서 번복하지 않으면 된다.

　스피치를 잘하고 싶고 앞으로 대중 앞에서 말하며 수익 또한 기대하는 사람이 되고 싶다면 대중 앞에 많이 서 본 경험은 필수다. 하지만 전문가가 아닌데 나를 세워줄 무대가 있을까 생각할 수 있다. 물론 전문가가 아닌 당신을 세우려는 기업이나 자리는 많지 않을 것이다. 아니 솔직히 없을 것이다. 그러므로 처음에는 나를 세워줄 무대를 더욱 적극적인 자세로 찾아 나서야 한다.

　《부자가 되고 싶은 당신이 지금 창업을 해야 하는 이유》의 이선영 작가는 자신의 직장 경험을 바탕으로 1인 창업해 다양한 성과를 창출하고 있다. 그녀는 처음 일을 시작할 때 배우기 위해 시작한 일이라 생각했기 때문에 돈에 연연하지 않고 1년 동안을 거의 무료로 강의를 진행했다. 강의할 기회가 있으면 언제 어디서든 달려갔으며 강의 모집이 잘 안되어 듣는 사람이 한두 명이라도 최선을 다해 강의했다. 지금은 자기 경력과 경험을 토대로 책도 집필하고 수많은 곳에서 강연과 컨설팅을 하며 바쁘지만 행복한 나날을 보내고 있다.

　나 역시 회사에서는 담당하는 인천 지점뿐 아니라 필요와 각 지점의 니즈에 따라 15개의 지점에서 강의를 했지만, 외부에서는 그럴 기회가 따로 없었다. 그래서 내가 시도해 본 것은 내가 잘할 수 있는 것을 활용해 필요한 이들과 공유할 수 있는 자리를 만들었다.

　영업을 했기 때문에 각 분야의 영업하는 사람들을 모아 정직한 영업의 전문가들과 함께하는 〈토크 콘서트〉를 진행하기도 했었다. 10명 정도의 사람들로 많은 사람들이 모이지는 않았지만 열심히 준비하고 진행한 결과로 앵콜 요청을 받기도 했다. 또한 뉴질랜드 워킹홀리데이 경험을 토대로 성공적인 준비와 방법을 공유하는 워킹 홀리데이 세미나를 진행하기도 했다.

그 이후로도 내가 할 수 있는 나만의 콘텐츠가 있으면 틈틈이 외부에서 자리를 만들어 사람들 앞에서 말하는 경험을 주체적으로 했다. 처음 진행할 때는 정말 떨려서 강의를 하기 직전 숨고 싶은 마음도 있었다. 그러나 좋은 경험이 될 거라 믿고 시도해 본 결과 새로운 경험과 도전이 되어 내게는 무엇보다 값진 경험으로 남았다.

자신이 무엇인가 할 수 있는 콘텐츠가 있다면 강의할 수 있는 자리나 혹은 사람들 앞에 설 수 있는 자리를 제안하는 것도 방법이다. 백화점이나 문화센터, 지역 시민회관에서 주민을 위한 강의를 유치하려고 한다. 나를 찾지 않으면 내가 적극적으로 찾아 나설 수 있다. 처음에는 페이나 나를 알릴 수 있는 큰 결과를 기대하기보다 나의 경험치와 능력을 향상시키는 배움의 과정으로 생각해 보고 시도해 보자.

특별한 사람이 무대에 서는 것이 아니다. 평범한 사람도 한 가지씩은 잘하는 것들이 있다. 지금 시대는 자신만의 개성 있는 콘텐츠로 돈을 벌 수 있는 시대다. 이미 그런 사례들은 너무나 많다. 그런 콘텐츠와 더불어 그것을 공유할 수만 있다면 당신의 가치와 수익은 지금보다 배로 높아질 것이다.

진심을 Delivery 하라

앞서 알려준 팁이나 노하우 스피치 스킬들을 완벽히 익히면 말을 잘하게 될까? 말을 잘하게 될 수는 있어도 진짜는 아니다. 사람들의 마음을 움직이는 것은 화려한 미사여구로 포장된 말이 아니라 진솔하고 상대가 듣고 싶어 하는 말이다. 만일 스피치로 누군가의 마음을 움직여야 한다면 마음을 다해 당신의 진정성을 보여주어야 한다. 어떻게 진정성을 보여줄 수 있을까?

있는 그대로의 자신을 드러내기만 하면 된다. 생각보다 많은 사람들이 솔직한 자신의 이야기를 대중 앞에서 드러내는 것을 꺼린다. 자신의 약점이라 스스로 여기며 얘기했을 때 비웃지는 않을까, 얕보지는 않을까 하는 두려움을 내재적으로 갖고 있다.

나 또한 이런 마음이 어떤 건지 경험적으로 잘 알고 있다. 처음에 강의할 때 나도 나의 좋은 점만 보여주고 싶었다. 잘된 것들 성취한 것들 이룬 것에만 집중했다. 그러나 유익할 수는 있어도 감동은 없다는 것을 깨달았다. 그리고 나서 나를 드러내기 시작했다.

사실 내게는 아픔과 상처가 있는데 얘기만 하면 바로 눈물이 툭 흐르는 것은 바로 '아버지'다. 중학교 2학년 시절 나의 아버지는 병으로 돌아가셨다. 아버지의 투병으로 집안은 점점 어려워졌다. 나는 자존심이 세고 누군가에게 동정받는 것이 싫어 아버지가 아프고 가정이 어려워진 것을 최대한 숨기며 살았다. 나의 가장 친한 친구들도 내가 어려웠던 사실을 잘 모를 정도로 나는 꽁꽁 숨겼다. 이는 성인이 돼서도 마찬가지였다. 나의 약점을 드러내는 것이 무서웠던 것이다.

사회에 나와서 내가 깨달은 것은 감추는 것이 능사가 아니고 진짜 나의 모습도 아니라는 것이었다. 깨닫고 나서는 사람들 앞에서 처음에는 망설였지만 내가 이렇게 열심히 사는 이유, 매사에 열정적이고, 성공과 성장을 위해 끊임없이 노력하는 이유를 나의 지난 과거와 아픔을 드러냄으로 보다 진솔하게 말하기 시작했다. 그 결과 사람들은 나를 동정하는 것이 아닌 공감을 했고, 나의 스피치에는 더욱 감동과 힘이 생기기 시작했다.

거듭 말하지만 사람들의 마음을 움직이는 것은 이성이 아닌 감성이다. 마음을 얻으려고 일부러 감성을 자극하는 거짓된 말을 할 필요는 없다. 상황에 맞게 자신의 솔직한 감정이나 경험을 있는 그대로 드러내면 된다. 이를 통해 듣는 사람들의 공감을 얻으면 말하지 않아도 통하는 느낌을 주게 된다. 진심으로 소통하게 되는 것이다.

그럼 어떻게 나를 드러낼 수 있을까. 내가 경험한 성공 또는 성취한 것, 실수, 실패한 것, 나의 트라우마, 가정환경, 내 경험, 가치관, 신념, 상처, 느낀 감정(희로애락, 분노, 우울, 두려움, 사랑, 질투)들 내가 잘하는 것, 못하는 것 등등 다양한 것들로 나를 드러낼 수 있다.

진정성을 보여줄 수 있는 또 다른 방법은 상대방이 하고 싶은 말을 들어주고 공감하는 것이다. 또 스피커는 청중이 하고 싶은 말을 대신해서 할 수 있어야 한다. 사람은 자신을 알아주고 위로하는 이에게 마음을 열게 되어 있다. 그러기 위해서 청중의 마음을 헤아리려 노력해야 한다. 그들과 같은 입장에 서서, 같은 심정이 되어 보는 것이다. 어떻게 하는 게 같은 입장이 되는 것일까.

단 한마디 말로도 박수받는 힘의 강헌구 작가는 그의 저서에서 다음과 같이 말한다. "청중과 강사 사이에 이질감이 있으면 청중은 강사의 견해를 받아들이기보다 그에 맞서 기존의 견해를 지키려 한다. 변화를 촉구하는 목소리를 높일수록 더욱 완강하게 기존의 견해를 고수하려 든다. 부메랑 효과다. 바로 이런 이유 때문에 강사는 자신의 입장이나 가치 또는 목적이 청중과 일치하며 그들과 동류라는 점을 보여주어야 한다. 그들의 심정을 이해하고 그들의 주장을 대변하는 것 같은 느낌을 전달해야 한다."

 이렇듯 나의 이야기를 하고 그들의 이야기를 들어주면서 그들이 하고 싶은 말을 대신해서 전달함으로 당신의 진심을 delivery 하라. 공감대 형성되며 당신의 말에 귀를 기울이고 집중하여 어느새 눈빛이 반짝이는 청중들을 보게 될 것이다.

5장

[인간관계의 기술]
사람이 끊이지 않는 사람의 비밀

관계, 너 참 어렵다

솔직히 말하지만 이 책을 쓰면서 꼭 서두에 밝히고 싶은 것은 나는 관계로 인해 너무 힘들었다는 것이다. 누구보다 관계에 대해 고민하고, 서투른 표현으로 상대방을 힘들게 하고, 공감과 경청하지 못한 사람으로서 타인과 더 나은 관계를 맺기 위해 후천적으로 배우고 노력하고 나서야 비로소 깨닫고 성장할 수 있었다.

사실 관계에 대한 어려움을 호소하는 사람들은 비단 나뿐만은 아닐 것이다. 사람은 누구나 태어나면서부터 타인과 관계를 맺기 시작한다. 부모와 자식 관계에서부터 시작해 학교에서의 관계, 사랑하는 사람과의 관계, 직장에서의 관계, 사회에서의 관계까지 끊임없이 타인과 얽히고설킨 관계 속에서 살아간다. 그러나 그러한 우리의 삶 속에서 너도나도 '사람 대하기'가 어렵다며 고충을 토로한다. 관계가 주는 어려움 때문에 친구와는 절교하고, 연인과는 헤어지며, 회사 상사나 동료, 팀원과는 말도 섞지 않는다.

  2015년 한 취업사이트가 실시한 리서치 조사에 따르면 직장인 448명을 대상으로 '직장생활을 하면서 화병을 앓은 적이 있는가?'라는 질문에 대한 답변으로 90.2%가 '있다'고 답변했다. 그리고 그러한 화병이 생긴 이유로 무려 63.8%가 '인간관계에 따른 갈등'을 이유로 들었다. 직장생활 최대의 스트레스가 '과다한 업무, 업무 성과에 대한 스트레스'(24.9%)가 아니라, 사람 사이의 불편한 관계에서 온다는 것이다. 상황이 이렇다 보니 관계를 이어 나가는 것이 스트레스가 되고 차라리 혼자이고 싶다는 고백들도 여기저기서 들린다.

  그렇다면 타인과의 관계를 애초부터 맺지 않는 것이 최선의 방법일까? 여기서 내 대답은 '그렇지 않다'이다. 서툴러서 멀어진 인간관계나, 틀어진 인간관계를 회복함으로 우리는 한층 더 성장하며 성숙해질 수 있다. 또 관계를 잘 쌓아 나가는 방법을 터득한다면 당신은 스스로 행복을 느끼며 어디서든 성공한 인생을 살 수 있다.

  인간관계와 행복의 상관관계에 대해 덴마크 철학자 키에르 케고르는 말했다.

"사람, 행복의 90%가 인간관계에 달려 있다."

앞서 얘기했듯이 나는 관계에 대한 고민과 어려움으로 아주 힘들었으며, 그때마다 사람을 잃기도 하였다. 특히 일을 하면서 상사나 팀원과의 관계에서 연인과 친구 또는 가족과의 관계에서 받는 스트레스로 마음도 몸도 많이 지쳤었다. 하지만 그런 힘든 상황 속에서도 포기하지 않고 좋은 관계를 맺기 위한 고민과 노력을 했다. 그렇게 노력한 이유는 지금보다 더 나은 사람이 되고 싶었기 때문이다.

건강한 관계를 방해하는 나의 문제는 무엇인지 생각해 보고, 좋은 관계를 이루는 주변 사람들을 관찰하고 그들에게 물어보기도 했다. 또 관련된 책이나 유튜브, 세미나 등을 읽고 찾아보면서 배우려 했다. 무엇보다 실제로 좋은 인간관계를 맺기 위해 상황 상황마다 같은 실수를 반복하지 않으려 스스로 바꾸려고 노력했다.

처음부터 바꾸기란 쉽지 않았지만 계속해서 노력한 결과로 실제로 주변 사람들과 함께 일하는 사람과의 관계는 눈에 띄게 좋아졌으며 새로 만나게 된 사람과도 좋은 관계를 맺을 수 있는 비법 아닌 비법도 터득하게 되었다.

여기서 말하는 방법이 모든 관계를 원만하게 해결해 주는 Magic key(마법 열쇠)는 아니다. 각자 경험한 것들이 100% 다 같지 않고, 상황이 다르기 때문이다. 다만 지금 관계로부터 어려움을 겪는 당신에게 혹은 앞으로 겪게 될 상황에서 다음의 이야기들이 분명 좋은 방향성이 되어 주리라 믿는다.

본격적으로 얘기하기에 앞서 건강한 관계를 맺기 위해 먼저 짚고 넘어갈 키 포인트가 있다면 바로 '나를 바꾸는 것'이다. 관계는 혼자가 아닌 둘이 이루는 것이지만 상대를 바꿔서 좋은 관계를 맺는 방법은 경험상으로도 방법적으로도 없다. 관계를 회복하고 더 나은 관계로 발전하기 위해 무엇보다 당신의 노력이 필요하다. 긍정적인 것은 당신의 주체적인 변화로 타인과 나 모두 행복할 수 있다. 그리고 당신은 성장할 수 있다.

정말 해도 해도 너무해

불편한 관계의 책임이 오로지 나에게 있다고 처음부터 인정하는 사람은 거의 없을 것이다. 왜냐면 자기에게 문제가 있다고 시인하는 것은 때론 너무 고통스러운 일이기 때문이다. 그러나 서두에 얘기했듯이 타인과 좋은 관계를 넘어 성숙한 관계를 맺는 가장 중요한 주체는 바로 나이다. 어떠한 문제의 이유이든 타인을 비난하지 않고 나를 돌아보는 것, 모든 관계에 책임이 나에게 있다고 먼저 인정하는 것이 중요하다.

인지행동치료의 최고 권위자이자, 심리치료 전문가들이 가장 존경하는 정신의학자인 데이비드 번즈는 《관계 수업》에서 오랜 임상 치료 결과를 바탕으로 다음과 같은 결론을 얻었다. "두 사람 사이에 문제가 있을 때, 원인을 상대방 탓으로 돌리고 상대방을 비난한 사람들은 어떤 치료 기법을 동원해도 절대로 상태를 개선하지 못했다. 반대로, 스스로 변화하는 데 더 집중한 사람들은 관계를 놀랍도록 개선시켰으며, 게다가 관계를 변화시키는 데 오랜 시간이 걸리지 않았다. 즉, 문제가 있을 때 자기 책임을 돌아보며 상대방을 행복하게 해주어야겠다고 느끼는 사람은 보람되고 성공적인 관계를 이룰 가능성이 매우 높다. 바로 이것이 어떤 인간관계에서도 성공을 이뤄낼 수 있는 진짜 열쇠다."

무조건 참으라는 말이 아니다. 불편한 관계에 있어 먼저 나를 한 번 되돌아보는 것이다. 관계는 상호작용이기 때문에 책임을 전가하거나 무조건 상대방을 비난하는 것은 성숙하지 않다.

어쩐지 타인과 좋은 관계를 맺기 위해 나를 돌아보라는 말이 억울하게 느껴지지는 않는가. 나 또한 어떤 관계에 문제가 있을 때 주로 "너 때문이야" 혹은 "내가 그렇게 한 이유는 당신이 ~게 했기 때문이야"라고 말하며 상대방을 탓하거나 내가 잘못한 행동도 상대로부터 이유를 찾아서 내가 타당하다는 것을 보여주려 했다. 내가 잘못을 하지 않은 것에 대해서는 나를 먼저 돌아볼 생각도 이유도 없었다. 난 잘못한 게 없다고 생각하니 도리어 억울하기만 했다.

하지만 그럴수록 관계는 꼬여가거나 단절됐다. 특히 리더로서 그러한 태도는 같이 일하는 팀원들의 존중과 신뢰를 얻기 힘들었다.

나를 돌아보지 않고 상대방의 잘못만을 탓하고 비난하는 관계에는 발전이 없다. 이러한 문제가 몇 번 발생하자 나는 어떻게 해야 할지 고민하기 시작했다. 스스로 고민도 해보고 멘토들로부터 조언을 구하기도 하며 책도 읽어봤다. 그리고 시작해 본 것은 나를 돌아보는 것, 내게서 문제점을 찾는 것, 그리고 상대방의 입장을 생각해 보고 먼저 실수를 인정하는 것이었다. 도리어 내 잘못이 아니라고 생각할 때도 나를 돌아보고 상대방의 마음을 먼저 이해하려 했고, 내게 문제가 있음을 인정하고 사과했다.

연인 사이도 다르지 않다. 관계에 문제가 있을 때 우리는 상대방을 탓하는 경향이 있다. 하지만 관계를 지속시키고 개선하고자 한다면 자기도 책임이 있다는 것을 인식해야 한다. 비난은 아무런 도움이 되지 않기 때문이다. 문제의 해결책은 비난과 책임 전가가 아닌 나를 돌아보고 상대방의 입장이 되어 생각해 보는 것이다. 그럴 때 상대방의 마음 문은 열리고 계속해서 좋은 관계를 이뤄 나갈 수 있는 것이다.

고쳐 써먹으려 하지 마라

우리는 우리와 심리적으로, 물리적으로 가깝지 않은 관계에서 스트레스를 받기보다 가까운 관계가 어려울 때 오히려 더 힘들어한다. 잠시 스치는 인연이거나 사회에서 만난 관계에서 희로애락을 느낄 수 있는 시간과 감정은 한계가 있기 때문이다. 관계가 삐걱거리기도 전에 벌써 잊힐 수 있다. 하지만 우리와 시간을 자주 보내고 감정을 주고받게 되는 친밀한 관계에서 문제가 생기면 쉽게 떼어버릴 수 없기 때문에 타격이 더 클 수밖에 없다. 연인 사이, 부부 사이, 가족관계, 친구 관계가 친밀한 관계라 볼 수 있는데 가깝게 지내는 사람들과 우리는 늘 행복하지만은 않다. 왜 그럴까?

나는 가장 큰 이유는 '일방적'이기 때문이라고 생각한다. 가까운 관계에서 사람들이 가장 많이 실수하는 것은 상대를 고치려 하는 것이다. 이러한 생각과 행동은 알게 모르게 내가 상대방보다 우위에 있다고 여기고 내가 원하는 모습이 되어 줬으면 하고 바라는 이 기적인 것이다. 이는 가까운 사람과의 관계를 멀어지게 한다.

지금 친밀한 관계라 생각하는 사람과 멀어져 간다고 느끼고 있다면 한번 생각해 보면 어떨까. 내가 상대방에게 일방적이지 않았는지, 배려 없이 내가 원하는 것만 이야기하지 않았는지 말이다.

부끄러운 고백이지만 몇 년 전까지만 해도 연애할 때 나는 독불장군이었다. 상대를 내 멋대로 쥐락펴락하려고 했다. 맘에 안 드는 구석이 있으면 바꾸려 했으며, 내가 원하는 이상형이 되어주기를 바랐다. 사랑에 빠진 남자는 연애 초기 때 나를 위해 무엇이든 해주려 했다. 이는 나뿐 아니라 사랑에 빠진 남녀들이 서로에게 몰입이 되어 볼 수 있는 흔하지만 정상적이지 않은 모습이다.

물불을 가리지 않고 서로가 마냥 좋은 상태에서는 아무것도 보이지 않고 들리지 않는다. 오직 내 눈 속에 있는 상대방만 보인다. 너무 좋기 때문에 상대가 원하는 것은 무엇이든 하게 되는 것이 연애 초반 때 모습이다. 그러나 일정 시간이 지나다 보면 마구 분비되는 도파민과 아드레날린 같은 호르몬도 정상 수치로 돌아오게 된다. 소위 미쳐 있다가 정상적으로 돌아오는 시기가 되는 것이다. 그러다 보니 이전의 내 원래 모습으로 되돌아가게 된다.

나는 처음에 나를 위해 무엇이든 해주고 내가 싫어하는 것들은 하지 않으려 노력하던 남자의 모습이 사랑이라 생각했다. 정상으로 돌아온 것뿐인데 사랑이 식었다고 생각하게 된 것이다. 그러면서 다투기 시작했다. 나는 바뀌지 않으면서 말과 행동이 다른 상대에게 문제가 있다고 생각했다. 나는 그대로인데 변한 건 당신이니 상대방 탓이라 여겼다. "변했어!"라는 말을 늘어놓으며 바뀐 행동과 마음을 탓하며 다시 원래대로 바꾸려 했다. 그러면서 우리의 관계 또한 점점 틀어지게 됐다.

어디서부터 잘못되었을까? 내가 원하는 상대로 바꾸려고 한 결과는 상당히 고통스러웠다. 있는 그대로의 모습을 인정하고 사랑하기보다 굳이 싫은 것을 골라 바꾸려 하는 내 모습에 상대방은 존중받지 못한다고 여겼다. 다투면서 각자 자기 잘못은 인정하기 싫어 벽을 세우고 방어적으로 되며 상대를 비난하게 되고 점차 서로의 마음 문을 닫게 되었다.

이쯤 되면 헤어지면 그만이지라고 생각할 수 있겠지만 나는 노력해 보기로 했다. 더 나은 사람이 되고 싶기 때문에 더 사랑을 줄 수 있는 사람이 되고 싶었다. 책도 읽어보고, 조언도 받아 말도 예쁘게 해보고 이것저것 시도해 봤지만, 무엇보다 가장 중요한 것은 있는 그대로의 상대를 인정하고, 존중하는 것이었다. 사랑하는 이유가 무엇인가. 싸움에서 누가 이기고 지는 것이 중요한 게 아니라 사랑하는 관계에서 느끼는 행복과 만족감 때문이 아닐까.

연인, 부부 사이뿐 아니라 자식과의 관계에서도 자녀를 고치려 하면 할수록 더 어긋나버린다. 내가 알고 있는 한 엄마는 일을 하다가 잠시 일을 쉬는 시간을 갖게 되었다. 딸과 보내는 시간이 많아지면서 그동안 딸이 부족하다고 생각하는 것을 아예 고치려고 마음먹었다. 아이들을 자신의 방식대로 고치려 할수록 더욱 어긋났고, 결국 딸의 반항으로 학교에 2번이나 불려 나가게 되었다. 그녀는 이러한 방식이 옳지 않다는 것을 깨닫고 다른 방식을 택했다.

있는 그대로, 필요할 때 자신이 늘 곁에 있고 도와주겠다고 말하고 믿고 기다려주는 것이다. 그 뒤로는 오히려 관계가 더욱 좋아진 것을 눈에 띄게 느낄 수 있었다고 했다.

불편한 관계에 있는 상대방을 변화시키려고 할수록 상대방은 오히려 저항하기 마련이다. 심리치료 전문가인 데이비드 번즈는 "상대방을 변화시키려는 노력이 오히려 상대방을 현재 상태 그대로 유지하도록 압박하는 것일 수도 있다"라고 했다. 상대방을 변화시키겠다는 노력은 결국 현상 유지를 선택하는 것과 다를 바 없는 것이다.

생각보다 우리는 친밀한 관계에서 가깝다는 이유로 있는 그대로의 상대를 보지 않고, 상대방을 존중하는 것을 잊어버린다. 그러나 가까운 관계일수록 배려하고 존중하는 모습을 잊어서는 안 된다.

상대방을 바꾸려는 것도 잘못되었지만 상대방이 바뀌기를 마냥 기다리는 것도 문제가 있다. 중요한 것은 자기 자신을 변화시키는 것이다. 처음은 정말 고통스럽다. 마치 내가 연인과의 관계에서 잘못을 인정하면 자존심이 상하고 주도권을 뺏길까 두려웠던 것처럼 인정하기가 싫을 것이다. 하지만 더 사랑을 줄 수 있는 성숙한 사람이 되기 위해 용기를 갖고 시도해 보자.

변화하는 초점이 상대가 아닌 나라는 것에 집중하고 있는 그대로의 상대를 인정하고 존중하는 것. 마냥 힘들게만 느껴진 우리의 관계가 조금씩 달라지는 것을 느낄 수 있을 것이다.

말투 하나 바꿨을 뿐인데

평소 "너 때문에 내가 이렇게 됐어!"라는 말을 자주 쓰는 사람이 있는가 하면, "네 덕분에 내가 이렇게 될 수 있었어!"라는 말을 하는 사람이 있다. 인간관계가 좋은 사람과 관계 때문에 늘 힘든 사람의 차이를 자세히 들여다보면 말투부터 차이가 있음을 알 수 있다. 말투로 관계를 악화시킬 수도 좋아지게 할 수도 있다. 포인트는 관계를 좋아지게 하는 말로 우리는 좋은 관계를 지속적으로 맺을 수 있다는 것이다.

먼저 인간관계가 비교적 좋지 않은 사람의 말투를 보면 부정적이고 매사에 투덜거린다. 그들이 세상을 보는 시선은 늘 삐뚤다. 기대했던 결과가 나오지 않거나 내가 안 되는 것은 늘 이유와 핑계가 있다. 혹은 모든 것을 다 겪어봤다는 듯이 '원래 다 그런 거야' '나 때는 말이야…' '어차피 시도해도 똑같아' 등의 냉소적인 말투로 상대방의 귀를 닫아버리고 무기력하게 만든다. 이런 사람들 곁에 사람들은 가까이하려 하지 않는다. 반면에 대인관계가 원만한 사람들의 말투는 긍정적이며 이쁘다. 한창 관계에 관한 고민을 하고 있을 때, 나는 사람들에게 인기가 있으면서 늘 그들과 좋은 관계를 유지하는 사람들을 면밀히 관찰해 보고 실제 물어보기도 했다.

그들에게는 공통적인 특징이 있는데 그 중 **첫 번째는 상대를 인정해 주는 말을 자주 한다는 것이다.** 사람들의 3대 욕구인 식욕, 성욕, 수면욕을 제외하고도 가장 강력한 욕구는 인정받고 싶은 욕구이다. 이러한 욕구가 채워지지 않으면 자존감이 낮아지고 심리적으로 불안한 상태가 유지된다.

80년이 넘게 수많은 사람에게 영향을 끼쳐온 《인간관계론》의 저자 데일 카네기도 "인정 욕구를 통해 상대방을 내가 원하는 대로 만들 수 있다"라고 했다. 그의 말에 따르면 주변 사람을 변화시키는 방법은 바로 칭찬과 인정을 하는 것이다.

《모든 관계는 말투에서 시작된다》의 김범준 작가 또한 "말투 하나로 사람들의 인정 욕구를 채워줄 수 있다"라고 말한다. 바로 '칭찬하는 말투'다. 저자의 말에 따르면 상대방이 만들어 낸 성과나 결과에 대한 칭찬보다 그 사람 자체에 대한 칭찬이 더 인정 욕구를 채

위주는 중요한 포인트라고 한다. 물론 입에 발린 소리나 지나친 것은 금물이다. 대인관계를 유지하기 위해 상대방에게 듣기 좋은 말을 일부러 과장되게 할 필요는 없다. 거짓되게 하거나 과도하면 상대방은 칭찬을 의심하고, 오히려 상대의 말을 진심이라 여기지 못할 것이다.

진심 어린 마음으로 상대에게 관심을 두고, 좋다고 느끼는 것이나 잘했다고 느낀 것을 사소하게나마 칭찬할 수 있다면 좋다. 기억해야 할 것은 사람이 가지고 있는 최고의 능력을 끌어내는 방법은 '인정과 격려'라는 사실이다. 관계가 좋은 사람들은 이런 방법으로 사람을 끌어당긴다.

두 번째 'thanks to', 당신 덕분에 라는 말을 자주 한다. 관계가 좋은 사람들은 공동이 이룬 결과는 물론이거니와 자신이 이룬 성과조차도 타인에게 공을 돌릴 줄 아는 사람들이다. 앞서 사람들과의 관계가 좋지 않은 사람은 '무엇무엇 때문에', 혹은 '누구 때문에'라는 말을 자주 하며 상대를 탓하는 경향이 있다. 고마움을 모르는 사람은 도와주고 싶지도 않고 함께하고 싶어 하지 않는다.

실제로 관계에 문제가 있었을 당시 나는 상대에게 고마움을 느끼지도 잘 표현하지도 못했다. 나는 내가 이룬 성과가 '나의 노력과 열심'으로 가능했다고 생각했다. 실제로 '내가 이렇게까지 했기 때문에 가능했던 거야'라고만 생각했지, 알게 모르게 도와준 작은 손길과 응원에 대해서는 세심하게 살피지 못했다. 소위 말해 '내가 잘나서 그런 거야'라는 대단한 착각을 한 것이다.

다행히 나는 이것이 잘못되었음을 팀원의 지적을 통해 빨리 깨달았고, 반성하며 바꾸기 시작했다. 이런 거만한 마음은 타인과 좋은 관계, 깊은 관계를 맺는 것을 방해 한다. 당신이 잘된 데에는 스스로의 능력 때문일 수도 있지만 거기에는 반드시 타인의 응원과 도움이 있다는 것을 명심해야 한다.

타인과 좋은 관계를 맺는 사람들은 고마움을 알고 표현할 줄 아는 사람들이며, 겸손하다. 이는 앞서 얘기한 사람들이 원하는 인정하는 욕구를 채워주는 것이며, 감사함을 아는 것이다. 상대방이 잘되고 기쁜 것이 나로 인한 것이라면 그것보다 뿌듯한 일이 없다. 설사 나로 인해 얻거나 이룰 수 있던 것이 아닌데 내 덕분에 라는 그 한마디로 괜히 그 사람에게 더 잘해주고 싶고 도와주고 싶은 마음이 앞으로도 들 것이다.

타인의 마음을 움직이는 것은 결코 거창한 게 아니다. 오늘 내가 기분 좋은 일이 있거나 일이나 어떤 성과를 이룬 것이 있다면 지금 바로 다른 누군가에게 이렇게 표현해 보자. "당신 덕분에 가능했던 일입니다. 감사합니다"라고. 상대방과 한층 더 친밀한 관계가 형성된 것을 한눈에 느낄 수 있을 것이다.

마지막으로 '당신을 믿어요.' 리더나 가까운 사람이 '당신을 믿는다'는 말을 하며 당신을 신뢰한다고 느껴질 때 어떤 기분이 드는가. 에너지가 생기고 그 기대에 부응하고 싶은 마음이 들지 않을까? 일을 맡기고도 불안해하고 그 마음을 말로 표현하며 의심한다면 당연히 사기는 꺾이게 되고 그 일을 하고 싶어 하지 않을 것이다.

관계가 좋은 사람들은 '당신을 믿어요'라는 말로 상대방이 그 일을 잘 담당해 줄 것을 진심으로 신뢰한다. 설사 그 일이 원하던 결과에 미치지 못했더라도, 최선을 다했다는 것과 노력했다는 것을 알아준다. 사람을 믿는 것이 얼마나 중요한지를 아는 좋은 예시의 실제 이야기가 있다.

우리가 알고 있는 많은 사람에게 존경받는 링컨은 사실 대통령이 되기 전 '프로 비판러'였다. 사람을 비판하고 비난하는 것 때문에 죽기를 각오한 결투의 자리에 서기도 했다. 그 사건으로 비난과 비판이 오히려 해가 될 수 있다는 깨달음을 얻고 나서 다시는 누군가를 비판하지 않겠다고 다짐했다. 1863년 7월 남북전쟁이라 불리는 게티즈버그 전투에서 링컨은 미드 장군에게 남부군이 후퇴하는 상황에서 지금 바로 남부군을 치라는 명령을 내렸다. 하지만 미드 장군은 우물쭈물 주저하고 망설이다 기회를 놓치고 말았다. 링컨은 비난과 비판이 가득한 편지를 썼다. 하지만 그 편지는 미드 장군에게 도착하지 않았다. 그 비판의 편지를 미드 장군에게 보내지 않은 것이다. 미드 장군은 자신의 실수에도 비난하지 않고 자신을 믿어준 것에 대해 링컨 장군에게 감동을 받았고 최선을 다해 남군에게 맞서 싸워 남북전쟁에서 승리할 수 있었다.

상대에게 당신을 믿고 있다는 신뢰를 주고, 믿는다고 말하는 것은 감정적 교류를 만들고 깊은 관계를 맺게 한다. 물론 무작정 사람을 믿어서 사기를 당하는 일은 없어야 한다. 당신과 관계가 있는 사람 중에 일의 책임을 맡기거나 가족 중에서 지금은 어렵지만 자신의 일을 묵묵히 해내고 있다면 '당신을 믿는다'라는 말로 그 사람과의 관계에 힘을 더해 보자.

사소한 말투가 관계를 좌우하고 말투 하나 바꾸는 것이 때론 좋은 관계를 맺는 출발점이 될 수 있다. 어렵지 않다. 오늘 당신이 바꿀 수 있는 아주 사소한 말이면 충분하다. 이에 따라 좋은 관계로 변화되는 것이 기대되지 않는가.

갈등을 피하는 대화의 기술

두 사람 사이가 서서히 멀어지고 있음을 알아챈 사람, 늘 마음이 맞지 않아 관계가 삐걱거리는 사람, 상대방과 나는 너무도 다르다고 절실히 느끼는 사람, 사사건건 말다툼하게 되거나 불필요한 갈등 때문에 지쳐가는 사람, 관계를 겨우 이어가고는 있지만 더 멀어질까 봐 불안한 사람, 이미 멀어졌지만 어떻게든 다시 관계를 회복하고 싶은 사람…….

당신도 이 중 한 사람은 아닌가. 계속된 갈등으로 너무나 지친 당신. 아무리 노력해 봐도 대화를 시도해 봐도 제자리라는 생각이 들지는 않는가. 나 또한 심각한 갈등으로 관계가 최악의 상황으로 치닫는 무렵 깨달은 것이 있었다. 말을 많이 한다고 해서 대화를 먼저 시도한다고 다가간다고 해서 갈등이 해결되지 않는다. 문제가 있는 상대와 올바르게 대화해야 하는데 많은 사람이 올바른 대화법에 대해 생각보다 잘 알지도 못하고 알아도 잘하지 못한다.

갈등을 피하면서 상대와 좋은 관계를 맺기 위한 대화의 기술이 여기 있다. 갈등으로 힘들어하고 지친 당신에게 필요한 세 가지는 바로 다음과 같다.

경청하기

옛날 우리나라 왕에게 근심이 생겼다. 중국에서 온 사신이 난감한 문제를 가져온 것이다. 중국 왕이 우리나라 왕에게 선물을 보내왔는데, 그중에서 가장 비싼 것을 가려내라는 것이었다. 대국의 왕이 소국의 왕에게 이런 명령을 내리면 이는 그냥 넘어갈 일이 아니다. 사신의 태도를 보니 분명 농담은 아닌 것 같다. 이달 안에 가장 비싼 물건을 가려내라며 사신이 기한까지 명시한 것이다. 중국 왕이 보내온 물건은 배가 뿔룩 나온 승려상 4개였다. 겉으로 봐서는 완전히 똑같았다. 그러니 어떤 것이 가장 비싼 것인지 알아낼 방법이 없었다.

왕은 고민 끝에 전국에 방을 붙이고 문제를 풀 사람을 찾았다. 여러 날이 지난 후에 한 선비가 나타났다. 왕이 선비에게 물었다.

"너는 이 물건 중에서 가장 귀한 것을 가려낼 수 있느냐?"

선비는 고개를 조아리고 대답했다.

"네 상감마마."

"흠, 만일 허튼짓했다가는 목숨을 보전치 못할 것이다. 알겠느냐?"

"네, 상감마마. 제가 어느 안전이라고 감히 허튼짓하겠나이까?'

왕이 말했다. "네가 제대로 맞히면 큰 상을 내릴 것이니 긴소리 말고 물건이나 골라내어라!"

"네, 상감마마."

선비는 4개의 승려상을 유심히 관찰하더니 간단히 하나를 가려냈다.

"상감마마, 이것이 가장 비싼 것이 옵니다."

왕은 그 상을 받아 잠시 살펴보았다. 그러나 그것은 다른 것과 여전히 똑같아 보여서 왜 가장 비싼지 이유를 알 수 없었다. 왕이 물었다.

"어째서 이것이 가장 귀한 것이라는 말이냐? 상세히 일러보아라."

"네, 상감마마."

선비는 크게 대답하며 주머니에서 무언가를 꺼냈다. 그것은 아주 가느다란 철사였다. 왕은 흥미롭다는 표정으로 바라볼 뿐이었다. 선비는 승려상 하나를 택해 그 철사를 귀에 찔러 보았다. 철사는 들어가지 않았다. 선비는 그 승려상을 왕에게 들어 보이며 설명했다.

"상감마마, 이 상은 귀가 막혀 있습니다. 사람으로 말하자면 남의 말을 듣지 않는다는 것이지요. 하여 이 상은 값싼 것이옵니다."

"흠 그러하면 다른 상은 어떠한고?"

선비는 다른 상 하나를 집어 들고 귀에 철사를 찔러 넣었다. 철사가 귀속으로 술술 들어가더니 다른 쪽 귀로 통과되어 나왔다. 선비는 설명했다.

"이 상은 한쪽 귀로 들어간 철사가 다른 쪽 귀로 나왔습니다. 이는 한 귀로 듣고 한 귀로 흘리는 것이니 남의 말을 소홀히 듣는다는 것입니다. 당연히 값싼 물건입니다."

왕은 고개를 끄덕이고 말했다. "알겠노라. 다른 상도 살펴보아라."

선비는 또 하나의 상을 들고 귀에 철사를 찔러 넣었다. 그러자 이번에는 철사가 입으로 나왔다. 선비는 설명했다.

"상감마마, 이 상은 귀로 들어간 철사가 입으로 나왔습니다. 들은 것을 즉시 발설하는 자이니 값싼 물건입니다."

왕은 웃으며 고개를 끄덕였다.

"허어, 그럴듯하구나. 그러면 짐이 가지고 있는 상은 어떤 상이냐?"

"네, 마마. 잠시 그 상을 제게 다시 주십시오. 그것이 제일 비싼 이유를 보여드리겠습니다." 선비는 처음 왕에게 골라주었던 상을 돌려받고는 마찬가지로 귀에 철사를 찔러 넣었다. 그런데 철사는 어디로도 나오지 않고 계속 들어가기만 하는 것이 아닌가! 왕은 의아

해했다. 그러자 선비가 말했다.

"상감마마, 이 상은 귀로 들어간 철사가 뱃속으로 들어갔습니다. 이는 말을 듣고 깊이 간직한다는 뜻입니다. 그러니 이 상이 가장 비쌀 수밖에요!"

왕은 크게 웃으며 말했다.

"옳거니! 자네는 총명하구나. 큰 상을 내리겠다."

왕은 주변에 있는 신하에게 명하여 선비에게 황금을 내렸다. 선비는 큰절을 올리고는 떠났다. 선비는 물러갔고 왕은 질문의 정답을 찾아 국가의 체면을 세울 수 있었다.

경청하는 것이 얼마나 중요한지를 다음의 이야기를 통해 알 수 있다. 대화에서 경청은 굉장히 중요한 부분이다. 경청은 단순히 듣는 것이 아니다. 상대의 말을 주의 깊게 잘 듣고, 상대가 말하는 의도와 핵심적인 의미를 제대로 이해하는 것이다. 그러나 생각보다 많은 사람들이 말하는 것에 치중한 대화를 할 뿐 경청하는 것을 어려워하고 잘하지 못한다. 특히 갈등이 있는 상황에서 경청은 더욱 어렵기만 하다. 나든 상대방이든 자신의 감정에 치중한 나머지 상대의 감정을 헤아리지 못하고 듣기 좋은 말을 하기 어렵기 때문이다. 나아가 상대를 비난하고 질타하는 말까지 하다 보니 경청은 갈수록 어렵기만 하다. 하지만 무엇보다 타인과 갈등을 피하기 위해 가장 먼저 집중해야 할 것은 경청이다. 그럼 어떻게 하면 경청을 잘할 수 있을까? 경청을 잘하기 위해서는 무엇보다 연습이 필요하다.

갈등을 피하고 어려운 관계가 좋은 관계로 회복되기 위해서는 경청의 중요성을 먼저 인지해야 한다. 그러고 나서 듣는 자세를 취해야 한다. 대화할 때 말하려 하지 말고, 먼저 들으려는 마음이 필요하다. '듣는 이'가 되어 보는 것이다. 갈등이 생겨 대화가 시작될 때 먼저 말하지 말고 상대방의 말을 들어야 한다. 그리고 상대방의 말에 집중해야 한다. 이때 하지 말아야 할 것은 상대방의 말을 들으면서 판단하고 내 할 말을 준비해서는 안 된다. 반박을 위한 경청이 아닌 온전히 들어야 한다. 들으면서 얼굴을 찌푸리거나 팔짱을 끼거나 상대방의 말에 부정하는 고개를 젓는 등의 행동을 취해서는 안 된다. 들을 때는 상대방의 말이 나와 다를지라도 있는 그대로 존중하려는 마음이 필요하다.

다음으로는 제대로 당신이 들었는지 상대방이 알 수 있도록 상대가 말한 것을 요약해 보는 것이다. 자기 입으로 상대방이 말한 것이 맞는지를 다시 한번 확인해야 한다. 요약할 때 중요한 2가지가 있는데 첫째, 자기 의견이나 감정을 담아서 요약하지 말고 상대가 말한 것으로만 최대한 요약하는 것이다.

예를 들면 "내가 정확히 이해했는지 한번 들어봐 줄래? 그러니까 당신 말은 ~라는 거지?" 혹은 "내가 이해한 것은 이 세 가지인 거 같은데 내가 정확히 이해한 것이 맞아요?"라고 표현할 수 있다. 둘째, 상대방이 느낀 감정을 다시 한번 내 입으로 정리해 보는 것이다. '내가 그랬기 때문에 당신 감정이 속상했다는 거지?' '이러한 나의 모습 때문에 당신이 기분이 나빴었겠네'라고 상대가 느낀 감정을 정리해서 말해보는 것이다.

문제가 있는 사람들은 이미 스스로 문제에 대한 이유를 알고 있을 확률이 높다. 경청하는 것 만으로도 이미 그들은 스스로 문제를 인지하고 잘못을 뉘우치거나 깨달을 수 있는 것이다. 특히 남녀 간의 갈등에서 흔히 남자들은 여자들과의 대화에 어려움을 겪거나 대화함으로 오히려 더 큰 갈등을 불러일으키는 경우가 많다. 여자는 그 문제들에 대한 해결책을 찾는 데 관심을 두기보다 자신의 감정을 표현하고 이해받음으로써 위안을 얻고자 하는 것임을 기억해야 한다.

갈등이 있는가. 일단 들어줘라. 그냥 듣지 말고 위에 말한 것을 통해 잘 경청해 보자. 백번 말하는 것보다 한번 잘 경청하는 것이 갈등을 피하는 첫 번째 지혜로운 방법이다.

공감하기

관계가 좋은 사람들은 공감하는 능력이 탁월하다. 공감을 하지 못하는 사람은 타인이 느끼는 것을 같은 마음으로 이해하지 못하기 때문에 그만큼 타인과의 거리도 좁히기 힘들다. 사람들은 자신의 감정을 이해해 주고 같은 마음으로 느끼는 사람과 교감을 하고 마음을 연다. 갈등을 일으키는 주된 문제는 상대방을 공감하지 못하는 데 있다.

공감이란 무엇일까? 사전적인 의미로 공감은 남의 감정, 의견, 주장 따위에 대하여 자기도 그렇다고 느낌. 또는 그렇게 느끼는 기분을 의미한다. 상대방이 느낀 부분에 대해 경험이 있다면 깊은 공감을 할 수 있겠지만 그렇지 않다고 해서 공감을 못 하는 것은 아니다. 우리는 상상을 해서라도 그 사람의 위치와 기분, 감정, 느낌을 느껴보려고 노력하는 것으로도 상대방과 공감할 수 있다.

누군가와 갈등이 생길 때 문제에 대한 해결책이 무엇보다 공감이라는 사실을 알아야 한다. 구체적으로 남녀 사이나 회사 내에서 누군가와 갈등이 있다면 상대방을 원망하고 화를 내기보다 그들의 입장이 되어 생각해 보아야 한다. 앞서 얘기했던 것처럼 갈등이 있을 때는 좋은 말이 오고 갈 수 없어서 처음에 상대방이 나를 비난하는 것처럼 들리더라도 끝까지 상대방의 이야기에 귀를 기울이고, 몇 가지 작은 행위를 통해서 상대방 말에 경청하고 공감하고 있다는 것을 보여주어야 한다. 이러한 우리의 행동이 마음 문을 열고 제대로 소통할 수 있는 상황과 환경을 만들어 준다.

때로는 상대가 이해되지 않고 공감이 되지 않더라도 최대한으로 상상해서 상대방의 입장을 이해해 보려고 노력하고 연습해 보자. 그리고 다음과 같이 상대방이 공감받고 있다고 느끼는 작은 행위를 한다면 더할 나위 없이 좋다.

먼저 보디랭귀지를 사용하라. 눈을 마주치고 고개를 끄덕여주어라. "아, 네. 네. 네."만 대답하는 것이 아닌 "그렇죠, 그렇네! 네 말이 맞아!"라고 말하며 고개를 끄덕거리는 것이 좋다. 이때 "그래, 네 말이 다 맞아"라고 비꼬는 말투는 하면 안 된다. 이렇게 단순히 고개를 끄덕거리고 동의만 해줘도 상대는 통했다고 믿는다.

그리고 만병통치약, '그랬구나'를 사용하라. 맞장구를 쳐주는 것이다. "나라면 이렇게 했을 거야" 혹은 말한 것에 대해 "그랬구나" "네 기분이 좋지 않았구나" "네가 속상했구나" "힘들었겠구나"라며 상대방의 감정에 존중하는 태도로 공감해 주어라.

바로 소통하기

경청하고 공감해 주기만 하면 당신은 들어주고 이해만 해주어야 한다고 생각할 수 있다. 결국 궁극적으로 모두가 원하는 것은 갈등이 원만하게 해결되는 것이지 악화되는 것이 아니다. 앞선 두 작업으로 좋은 소통과 대화를 하기 위한 사전 작업을 충분히 했다. 이로써 상대방도 화가 누그러지고 마음이 열렸기 때문에 당신의 말을 들을 자세가 되어 있을 것이다. 이제는 당신 말하고 싶은 것을 말할 수 있다. 오해는 무엇이었고, 당신의 기분과 감정이 어떠했는지를 상대방의 존중을 잃지 않고 말하라.

"~해서 싫어, 짜증 나, 당신 때문에" "넌 고집불통이야! 너 맘대로만 하려고 하지 마, 당신이 틀렸어!" 등등의 공격적인 말투보다는 좀 더 완곡한 표현을 쓰는 것이 좋다.

예를 들어 "당신의 ~한 모습이 날 속상하게 하더라고" "솔직히 말해서 마음이 너무 좋지 않았어" "나는 무엇무엇 때문에 화가 났어" "그런 말을 들으니 상처를 받게 되더라고" 같이 '내 기분이 어떠어떠하다'라고 대신해서 표현하는 것이 좋다. 이때 비난과 남 탓, 비꼬기는 소통하는 것을 방해 한다는 사실을 잊어서는 안 된다.

경청하고, 공감하고, 바로 소통하는 것이 처음에는 서툴고 어려울 것이다. 그러나 좋은 관계를 맺기 위해서는 많은 연습과 노력이 필요하다. 시도했는데 잘 안되는 것처럼 느껴지고, 관계가 생각했던 방향대로 흘러가지 않는다고 생각할 수 있다. 그럴 경우 더 좋은 방향으로 가도록 계속해서 시도해 보면 된다. 관계는 더 좋은 관계를 맺으려 마음을 먹고 노력하는 사람이 바꿔나갈 수 있다.

이어 나가는 것이 늘 정답은 아니다

이쯤 되면 조금 억울한 마음이 들 수도 있다. 바뀌어야 하는 것은 상대방인 것 같은데 왜 나만 노력해야 하고, 노력해도 상대방은 바뀌지 않는 것 같다. 그런 상대방을 볼수록 노력하려는 나만 손해보고 있는 일이라 생각하며 관계 개선을 위한 노력을 더하고 싶지 않을 수 있다. 그렇게 쌓여만 가는 스트레스를 감수하면서까지 늘 관계를 이어 나가야만 할까?

그것에 대한 답변은 당신에게 달려 있다. 어떤 관계를 원하는지에 따라 당신은 더 노력을 이어 나갈 수 있고, 정리할 수도 있다. 나는 무엇을 원하는가? 관계를 이어 나가는 것이 좋은지, 잘 마무리하는 것이 좋은지 그 어떤 것도 정답은 없다. 하지만 관계를 맺고 있는 대상과 내가 궁극적으로 어떤 관계를 맺고 싶은 것인지 자신에게 묻고 생각해 봐야 한다. 질문에 대한 내면의 목소리에 귀를 기울이다 보면 어떻게 하고 싶은지 가닥이 잡힐 것이다.

계속 이어 나가고 싶은 대상이라면 힘들어도 조금씩 노력해야 하며, 그게 아닌 사람이라면 적당한 거리를 유지하거나 마무리를 잘하는 것이 좋다. 이때 누군가와의 관계를 정리한다면 잊지 말아야 할 것은 '마지막 10초'를 잘하는 것이다. 끝까지 좋은 인상을 남기는 것이다.

생각보다 많은 사람이 관계를 정리하는 데 성숙하지 못하다. 연인과의 관계에서나 지인 관계 또는 직장 사회에서 마무리하는 법을 잘 몰라 회피나 도망을 가거나 비난으로 상대방에게 큰 상처를 주기도 한다. 충분히 이해하는 것은 관계를 정리하는 것이 맺는 것보다 더욱 어렵기 때문이다. 하지만 일단 관계를 정리하기로 했다면 상대방에게 좋은 인상을 남기며 떠나는 것이 중요하다. 연인과의 관계에서 헤어지는 데 좋은 이별은 없겠지만 잘못한 것이나 부족한 것이 있었다면 용기를 가지고 마지막에는 진심이 우러난 사과를 하라. 끝까지 변명하고 서로를 비난하며 미워하는 사이보다, 서로의 축복을 빌어주는 사이가 훨씬 낫다.

직장에서나 사회에서 때론 관계를 정리해야 하는 경우가 있을 수 있다. 특히 직장에서는 일 때문에 스트레스받는 사람보다 사람 때문에 스트레스를 받는 사람이 더 많다고 해도 과언은 아니다. 사람에게 스트레스를 받는 것 때문에 지치고 힘든 사람은 같이 일하는 것이 힘들어 차라리 혼자 일하는 것이 맘 편하다고 얘기할 정도이다. 그들이 힘들어하는 것은 누군가로부터 '비난받는 것', 아쉬운 소리를 듣거나 비위를 맞춰야 하는 '감정적인 교류'다. 이럴 때 모든 것을 주변 동료나 상사에게 맞춰야 한다는 부담감으로 다가가면 일방적일 수밖에 없는 관계 때문에 더욱 지친다.

다행스러운 것은 시대가 바뀌면서 소위 말하는 '꼰대 조직'이 점차 사라지고 있다. 90년대생들은 자신의 권리와 목소리를 내며 부당하다고 느끼는 것이 있거나 바뀌지 않을 것 같다면 그 조직을 과감히 나오기도 한다. 이전 세대와는 분명히 다른 세대다. 더 이상 권위와 통제가 통하지 않는 사회이다. 하지만 그렇다고 해서 자신의 권리만 주장하거나 편익만을 요구해서는 안 된다. 시대가 바뀔수록 중요한 것은 '서로 간의 존중과 배려'다.

결국 이해와 존중이 기반이 된 커뮤니케이션 과정에서 관계가 지속되는 것이 가장 좋지만, 갈등이 지속되는 경우 어떻게 하는 것이 좋을까. 이 또한 당신에게 달려 있다. 때론 관계가 어려움이 있을 때 관계 개선을 위한 노력을 한다고 바로 관계가 회복되지 않을 수 있다. 관계 회복에도 타이밍이 있기 때문이다. 무엇인가 오해가 있을 때 자리를 만들려 하지 않아도 대화를 할 수 있는 우연한 자리가 생길 수 있다. 아니면 시간이 지나 적절할 때 속마음을 터놓고 오해를 풀 수 있는 경우도 있다. 모든 관계를 그 자리에서 그 즉시 해결해야 한다는 생각보다는 갈등이 고조가 되어 있는 경우, 적정한 거리를 유지하여 각자의 시간을 갖는 것도 필요하다.

관계가 회복될 것 같지 않은 갈등이 깊은 관계라면 역시 자신이 잘못한 부분에 대해서는 인정하고 사과하라. 그리고 필요하다면 정중하고 깔끔한 마무리를 하는 것이 좋다. 다시 말하지만 서로를 욕하고 미워하는 사이보다 한 발짝 양보해서 성숙한 사람으로 기억되는 편이 낫다.

하지만 기억해야 할 것은 관계는 절대 일방적일 수 없다는 점이다. 관계라는 것은 두 사람 이상의 대상이 상호작용하여 생겨나는 것임으로 한 사람만 바뀌고 노력해서는 좋은 관계를 이루는 것이 어렵다. 반드시 상호작용이 되어야 한다.

노력했음에도 제자리이거나 오해가 쌓여가는 관계를 붙들고 있을 필요는 없다. 결국 상대를 바꿀 수는 없기 때문이다. 변하지 않는다면 혼자 애쓰지 않아도 된다. 그럴 땐 자신에게도 조금은 시간적으로 거리적으로 여유를 두는 것이 좋다. 이어나가는 것이 늘 정답은 아니니까.

인간관계, 애쓴 만큼 더 좋아진다

　나는 인간관계가 좋아서 사람들이 늘 끊이지 않고 인기 많은 사람이 아니다. 사실 관계 때문에 스트레스를 받는 것이 도리어 없을 정도로 관계 지향적인 사람이 아니었다. 초반에는 나의 그러한 성향 때문인지 오히려 더 일에 집중할 수 있었고, 관계로부터 어려움이 있어도 완전히 무너지지 않았다. 신경 쓰지 않았으니까.

　하지만 그런 내 모습이 개인적인 성향이기 때문이라 스스로 합리화했지만 사실은 이기적이었으며, 외로웠다는 것을 알게 되었다. 그리고 무엇보다 따뜻함이 없었다. 타인과의 관계를 통해서 더욱 성숙해질 수 있다는 것, 그로 인해 진심으로 타인을 사랑할 수 있다는 것을 깨닫고 난 뒤 점차 바뀌기 시작했다.

　타인과 좋은 관계를 맺기 위해 노력하는 과정은 정말이지 쉽지 않다. 타인과의 관계를 통해 우리는 배신당하고, 상처를 받기도 하고, 마음이 속상해지고, 눈물을 흘리며 자신을 괴롭히기까지 한다. 그럼에도 왜 우리는 마음의 문을 닫지 않고 타인을 위한 문을 열어두어야 할까.

끊임없이 고민하고 노력한 결과, 성숙한 사람이 맺는 진정한 관계는 '나아가는 것'에 있다. 힘들고, 상처받았다고 해서 그대로 머물러 있으면 안 된다. 거기서 한 발짝 더 나아갈 수 있어야 한다. 그렇다면 무엇이 나아가는 것이며, 어떻게 나아갈 수 있을까?

더 사랑하기로 결심하는 것이다

정말이지 글로나 말로는 쉽다. 그리고 결심해도 막상 관계로부터 어려움이 생기면 상대방을 마주하는 것조차 싫다. 싸우고 비난하고 싶은 충동을 억제하는 것은 물론 어렵다. 하지만 그런데도 결심하고 한 번 더 다가가는 것이다. 무너지고 무너져도 또 결심해 보는 것이다. 잘 안돼도 괜찮다. 아무것도 하지 않는 것보다 결심하는 것이 한 발짝 더 나아가는 사람이다. 결심을 했다면 그 사람 입장에 대해 한번 생각해 보려 노력하는 것이다. 긍정적인 관점에서 갈등을 재조명 해보아라. 그리고 앞서 얘기했던 것처럼 경청하고, 공감하고, 바로 소통하라.

경험해 보지 않고 그냥 하는 말이 아니다. 나 또한 배신도 당해보고, 상처도 받았고, 더 나아갈 용기가 없고 억울해서 그러고 싶지 않았다. 하지만 그렇게 상처받은 채로 머물러 있고 싶지 않았다. 더 많은 사람을 담을 수 있는 깊고 넓은 그릇이 되고 싶었다. 그런 그릇이 되려면 지금의 작은 그릇은 깨어져야 한다. 괴롭고 힘들 때 나는 나의 작은 그릇을 깨는 과정이라 생각했다.

좋은 사람이 되기 위해서 더 넓은 그릇이 되기 위해 나를 돌아보고 배신당해도 한 번 더 손을 내미는 용기 있는 사람이 되고 싶었다. 결과적으로는 그렇게 했을 때 걸러진 사람은 자연스레 걸러지고 내게는 더 좋은 사람이 남게 되었다. 그리고 더 많은 사람을 담을 수 있는 마음의 여유도 생겼다.

사소한 것을 잊지 않고 표현하는 것이다

그 사람과 내가 맺는 관계에 결정적인 연결 고리 역할을 하는 것은 결코 거창한 것이 아니다. 사람은 작은 것에 기쁨을 느끼고 감동한다. 작은 말 한마디를 잊지 않고 전하는 것, 사소한 것을 신경 써 줄 때 상대방은 고마움을 느낀다. 사소한 것에 대한 중요성을 간과하기 때문에 관계에 틈이 생기고 그러한 작은 틈으로부터 관계가 소원해지고 점차 멀어지게 되는 것이다. 예를 들면 상대가 도와주고 배려한 것에 대해 다음과 같이 말로 표현하는 것이다.

고마워요. 감사해요.

당신 덕분에 할 수 있었어요.

멋져요. 대단해요.

최고입니다.

또 상대방의 경조사를 기억하고 말로 때로는 물질로 표현하는 것이다. 희로애락을 함께하고 감정을 공유할 때 관계는 끈끈해진다. 모든 경조사를 챙기지는 못해도 팔이 닿는 범위 안에서 잊지 않고 축하나 위로의 한마디를 전하는 것으로 좋은 관계를 이어 나갈 수 있다. 특히 가장 가까운 사람이라면 더더욱 잊지 않아야 한다. 예전에 우연히 떡볶이가 먹고 싶어 한 가게 들렸다. 그러다 가게에서 일하시는 두 아주머니와 옆집 카스텔라 사장님의 대화를 엿듣게 되었다.

모녀떡볶이 아주머니 1 : 오늘 생일인데 뭐 했어?

옆집 카스텔라 사장님 : 아내가 미역국 끓여준 거 먹었지

모녀떡볶이 아주머니 2 : 좋네~ 생일 기억해 준 것만으로도 고맙지!

함께 할수록 선명해지고, 더욱 또렷하게 기억해야 하는 것들이

잊히는 것이 된 것 같아 괜히 씁쓸했다. 시간이 갈수록 우리는 서로에게 무뎌진다. 하지만 가까운 사람일수록 사소한 것을 더욱 신경쓰며 관심을 가져야 한다. 그리고 표현해야 한다. 오늘 나랑 가깝지만 표현을 많이 하지 못한 대상이 있다면 낯간지럽지만 고마워, 사랑해, 당신 덕분이야 라는 말을 한번 해보자. 작은 말 한마디를 잊지 않고 전하는 것, 그것만으로도 당신의 인간관계는 더욱 좋아질 것이다.

시도해 보는 것과 하지 않는 것 그리고 노력을 해보는 것과 하지 않는 것의 차이는 분명하다. 인간관계가 어렵다고 하지만 분명한 것은 변화시킬 방법은 있다. 그리고 그 방법의 핵심은 나, 바로 당신이다.

나는 여기 책에 적은 세일즈, 돈, 시간, 스피치 등의 기술적인 부분을 배움으로 성장한 것보다 관계를 통해 느끼고 배운 것으로 더욱 성장했다. 내 20대는 내 인생에 가치가 있었고, 후회하지 않을 정도의 시간을 보냈다고 스스로 자부한다. 이유는 바로 관계로부터 오는 어려움에서 한 발짝 더 나아갔기 때문이라고 생각한다. 하지만 그러한 깨달음과 성장은 다른 기술들처럼 팁이나 노하우로 결코 얻을 수 없다. 깨지고 부서지는 시간을 통해서 자기 내면을 돌아보고 깨달으며 다시 용기를 내 나아갈 때 비로소 성장할 수 있다.

그렇게 성장한 나의 모습은 값을 매길 수 없을 정도로 가치가 있다. 화려한 겉모습이 주는 아름다움보다 성숙을 통한 내면의 아름다움이 더 진하다. 그런 아름다움이 우리가 추구해야 할 진정한 가치가 아닐까.

6장

**[리더십의 기술]
G.R.O.W.T.H
변화를 이끄는 리더의 6단계**

GOAL
황금 목표 설정의 비밀

훌륭한 리더는 명확한 목표가 있고 이를 반드시 이룬다. 리더는 어떻게 목표를 이뤄 자신뿐 아니라 조직의 공동 목표를 달성하는 걸까? 목표를 이루는 데 있어 먼저 정의해야 할 것은 'DREAM'과 'GOAL'의 차이를 이해하는 것이다. 꿈과 목표는 분명히 다른 것인데 사람들은 자주 종종 이 둘을 혼동한다. 꿈이란 것은 이상이며 목표보다 거창한 것을 말한다. 지금껏 성취해 본 적 없는 계획이며 언제 이룰지 모르는 막연한 것이다. 반면에 목표는 현실이다. 꿈을 구체화하고 기한을 더한 것을 말한다. 예를 들어 '올해 책 12권을 읽겠다' 혹은 '올해 연희동에 8억짜리 빌라 한 채를 구입하겠다'처럼 수치로 나타낼 수 있는 것이 목표다.

나는 일을 하면서 다음과 같이 고민하는 사람들을 정말 많이 만났다.

- 욕심은 큰데 결과가 안 나오니 뭐를 어떻게 해야 하는지 모르겠어요.
- 계획은 있는데 목표를 세운 것만큼 잘 이루어져요. 그러다 보니 하기 싫어지고 자신감도 떨어져요.
- 저 진짜 열심히 하는 것 같은데 왜 안 되는지 모르겠어요.
- 다른 사람보다 뒤처져 있는 것 같아요.

왜 사람들은 다음과 같이 고민하며, 왜 목표를 이루지 못할까? 목표를 달성하지 못하는 4가지 이유가 여기 있다.

목표 달성 실패 이유 1)
무엇이 자신의 진짜 목표인지 모르기 때문이다

JUST GOAL과 GOLDEN GOAL은 다르다. 해야 하기 때문에 혹은 의무감으로 세워야 하는 목표와 진짜 절실히 원하는 목표는 그 무게가 다르다. 남들이 하기 때문이 아닌 자신이 진짜 이루고 싶은 것을 먼저 찾아보자. 당신이 꼭 이뤄야만 하는 꼭 이루고 싶은 절실한 목표가 있어야 한다.

목표 달성 실패 이유 2)
타협하기 때문이다

'맛있게 먹으면 0칼로리' 나 역시 이 말을 자주 종종 사용한다. 하지만 다이어트를 결심했을 때 이 말을 적용해서는 살을 빼기 힘들다. 목표를 위해 해야 하는 일들이나 과정이 있다면 변명이나 타협은 없어야 한다. 남들도 다 못했으니까. 오늘은 이러이러한 이유가 있었으니까. 자신이 하지 못한 것에 이유와 핑계를 대지 말라. 오늘 일을 내일로 미루는 것이야말로 당신의 GOLDEN GOAL 달성을 방해한다.

목표 달성 실패 이유 3)
행동 대신 생각만 하고 있기 때문이다

다이어트는 언제나 '내일부터'이다. 목표를 이루려면 그에 수반되는 구체적인 행동이 따라줘야 한다. 목표를 세웠음에도 이루어지지 않는 이유는 대부분 행동하지 않고 생각만 하고 있기 때문이다. 혹은 안 될 것에 대한 걱정과 불안이 당신의 목표 달성을 방해한다. 생각할 그 시간에 움직여보자.

목표 달성 실패 이유 4)
꾸준하지 못하기 때문이다

다음 사자성어 두 개를 함께 살펴보자.

우공이산(愚公移山) - 어리석은 사람이 산을 옮김. 우직하게 한 우물을 파는 사람이 큰 성과를 거둠.

수적천석(水滴穿石) - 물방울이 바위를 뚫는다는 뜻으로, 작은 노력(努力)이라도 끈기 있게 계속(繼續)하면 큰일을 이룰 수 있음.

목표를 이루기 위해서는 꾸준함이 반드시 필요하다. IN PUT이 있어야 OUT PUT이 있는 것은 만고불변의 법칙이다. 요량을 기대해서는 당신의 목표를 이룰 수 없다.

목표를 설정하고 이루는 것이 왜 중요할까? 여기 목표 설정에 관한 한 연구 조사가 있다. '3%의 성공 법칙'에 대해 들어본 적이 있는가? 1979년 하버드 경영대학원 졸업생을 대상으로 삶의 목표에 대한 조사를 한 적이 있다. "당신은 인생의 구체적인 목표와 계획을 글로 써놓은 것이 있습니까?"라는 질문에 졸업생 중 84%는 과거 목표나 이루고 싶은 꿈이 없었고, 13%는 말로 할 수 있는 자신의 목표가 있었다고 답변했다. 그리고 단 3%만이 자신의 확고한 목표가 있었고 그 목표를 글로 기록해 두었다. 결과는 놀라웠다. 10년

후 1989년, 목표가 있었던 13%는 목표가 없었던 84%의 졸업생들보다 수입이 두 배가 높았다. 그리고 뚜렷한 목표를 가지고 기록한 3%는 나머지 97%보다 10배의 수입을 올린 것으로 조사되었다. 구체적인 목표가 있다는 3%의 졸업생들이 나머지 97%의 졸업생보다 훨씬 더 많은 부를 누리고 있었던 것이다.

목표 설정은 우리를 계속해서 동기부여 되도록 앞으로 나아갈 수 있는 원동력이 되어주며, 무엇에 집중해야 하는지 도와준다. 목표를 설정하고 달성하는 과정에서 실패와 성취, 성공 경험은 우리를 더 나은 사람이 되도록 만들어 준다. 또한 실제 목표를 달성해서 성취하는 것뿐 아니라 다음 단계로 나아갈 수 있는 자신감이나 그 이상의 기쁨을 우리에게 준다.

어떻게 하면 황금 목표를 설정하고 이를 잘 이룰 수 있을까? 다음의 3요소가 필요하다. 우선 이루고 싶은 '대상(Target, Goal)'이 구체적으로 있어야 한다. 그리고 이를 이루고 싶은 '이유(Reason, Why)'가 분명하게 있어야 한다. 이때 그 이유가 많을수록 또 절실할수록 목표를 이룰 확률이 높다. 그리고 나서는 당신이 그 목표를 이루기 위한 120%의 '노력과 행동(Action)'이 반드시 수반되어야 한다. 황금 목표 설정 3요소를 확인했다면 황금 목표를 이루기 위한 팁은 다음과 같다.

황금 목표 TIP 1)
가장 이루고 싶은 목표를 먼저 설정할 것

1 step) 올해 이루고 싶은 당신의 목표는 무엇인가? (최소 10가지 이상 적어 보자.)
2 step) 당신의 목표 가운데 가장 이루고 싶은 5가지는 무엇인가?
3 step) 그중 가장 이루고 싶은 3가지는 무엇인가?
4 step) 그 중 이루고 싶은 단 한 가지는 무엇인가?
5 step)
A. 목표를 정했다면 그 목표를 달성하기 위해 해야 할 일을 리스트 업 하라. 그 리스트 업은 계속 추가 및 수정 해도 좋다.
B. 타임라인을 정하고 우선순위를 매겨라.
C. 목표를 이루기 위해 당신이 오늘 취할 행동(ACTION)은 무엇인가?

어떻게 가장 이루고 싶은 목표를 정할 수 있을까? 다음의 방법을 활용하면 좋다.

이렇게 한 단계 한 단계 파악하다 보면 무엇이 당신이 진짜 이루고 싶은 목표인지를 알 수 있고 목표를 이루기 위해 오늘 무엇을 해야 할지가 명확해진다. 당신이 해야 할 것은 매일매일 오늘 해야 하는 일을 차근차근해 나가는 것뿐이다.

황금 목표 TIP 2)
구체화, 수치화된 목표를 가시화할 것

앞서 하버드 경영대학원 조사의 결과로 증명이 됐지만 목표를 글로 기록하거나 가시화하는 작업은 중요하다. 반드시 수치화(NUMBER로 말하기)된 목표를 내 눈에 자주 노출하는 것이다. 갖고 싶은 물건을 이미지화해서 내가 자주 볼 수 있는 곳에 둔다든지, 그 목표를 달성하기 위한 구체적인 계획서를 PPT로 만들어 둔다든지 기록해 두고 가시화하자.

황금 목표 TIP 3)
큰 목표를 이루기 위한 작은 성공을 이룰 것

작은 성공들이 모여 큰 성공을 이룬다. 처음부터 당신이 기대하는 결과를 얻는 것은 쉽지 않다. 목표 달성에 실패하는 이유는 목표는 세웠지만 막상 그것을 달성하는 것이 멀게만 느껴지고, 잘 안되다 보니 지치게 되는 것이다. 큰 목표를 세우되 작은 성취를 먼저 시작 하라. 예를 들어 올해 금연하기가 당신의 목표라면 개수 한 갑으로 줄여보기, 하루 끊어보기, 3일 끊어 보기 등등으로 성취를 할 수 있는 것부터 시작해 보자. 또 원어민과 프리 토킹 실력 갖추기가 당신의 목표라면 1일 10단어 외우기, 1문장 외우고 써먹기, 외국인 친구 사귀기, 외국인 친구와 1주일에 한 번 만나기 등 같이 큰 목표를 이루기 위해 내가 비교적 쉽게 이룰 수 있는 작은 목표를 세우고 이뤄 나가는 것이 관건이다.

황금 목표 TIP 4)
계획을 실천하고, 정기적으로, 주기적으로 피드백할 것

당신의 계획이 이루어지는 과정을 정기적으로, 주기적으로 점검하라. 데일리(일), 위클리(주간), 먼슬리(월간) 별로 체크할 수 있는 툴이나 체크해 주는 사람이 있다면 더욱 좋다. 인터넷을 찾아보면 무료로 자신의 목표를 점검하고 피드백할 수 있는 툴이 많다. 이를 활용하고 매일매일, 주간별로, 월간별로 체킹하고 부족한 것은 무엇이었는지 보완해서 피드백하고 수정하자.

20 년　월　TOTAL 목표달성 CHECK

NAME:　　　　다짐:
목표:

	MON	TUE	WED	THU	FRI	SAT	SUN

GOAL DETAIL:

DEVELOPMENT GOAL:

"목표 없이 사는 것은 쉽다. 그러나 원하는 목표를 세우고 그것을 달성하는 일은 어렵다."

REVIEW
실패 점검의 기술

'대체 어떻게 해야 팀원이 나를 잘 따를까?' 26살 최연소 지점장으로 팀의 리더가 된 후 많이 한 고민이다. 여러 시행착오를 겪고 나서야 질문에 대한 고민이 잘못됐다는 것을 알았다. 나를 따르게 만들 방법을 고민하는 게 아니라 저절로 따르는 리더의 모습을 갖추는 것이 먼저였다.

아마 리더라면 한 번쯤 나와 같은 고민을 한 적이 있을 것이다. 함께 일하는 팀원들과 좋은 팀워크를 이루고 싶고 사람이 저절로 따르는 리더가 되고 싶다는 것에 모두 고개를 끄덕일 것이다. 하지만 좋은 리더가 되는 것은 생각보다 만만치가 않다. 여러 실패와 실수를 하게 된다. 다음의 것들을 체크해 보면서 어떤 리더가 계속 실패하는지 알아보고 스스로도 한번 점검해 보자.

남의 말을 듣지 않는 리더

리더들은 '리더병'을 주의해야 한다. 자신이 옳다고 생각하며 남의 말이나 비판을 듣고 싶어 하지 않는 것 말이다. 대부분 리더는 지시하는 역할이다. 어지간하면 남에게 지적하거나 피드백을 주는 역할이기 때문에 리더의 자리에 있는 사람이라면 피드백과 지적을 받는 것이 어색한 것도 당연하다.

어떤 리더들은 자신이 지적당하면 불쾌해하거나 화를 내는 일도 있다. 자신이 틀렸다는 것을 인정하기 싫어한다. 리더의 자리에 오래 있다 보니 어떤 자세를 취해야 하는지 잊어버리게 되는 것이다. 그런 자세의 리더라면 부하 직원이나 팀원에게 아무리 좋은 내용의 이야기나 피드백을 해도 그들은 잘 받아들이지 않을 것이다. 남의 말에 귀 기울이지 않는 리더는 실패한 리더이다.

팀원의 성공보다 자신의 성공을 바라는 리더

거듭 강조하지만 사람들을 끌어당기는 사람은 자신의 공로 또한 남에게 돌릴 줄 아는 사람이다. 리더도 마찬가지다. 팀원의 성과를 가로채 자신의 성과로 돌리는 사람, 팀원이 잘되기를 바라는 것보다 자신이 먼저 인정받기를 원하는 리더는 좋은 리더가 아니다.

성공한 리더들을 보면 자신의 성공을 위해서 일한 사람들이 아니라 그들과 함께한 팀원들의 성공을 진심으로 바라며 도움을 주는 사람들이다. 나의 성과를 돌보지 말고, 그들의 성과를 먼저 돌봐라. 내 팀원을 성공하게 만들면 그들의 리더는 절대 실패하지 않는다.

전 세계 최고의 리더십 전문가이자 베스트셀러의 작가인 존 맥스웰은 다음과 같이 말했다. "사람을 돌보라, 그러면 그들이 사업을 돌볼 것이다."

말만 하는 리더

실패하는 리더는 말만 하고 행동으로 보여주지 않는다. 그러나 리더십은 NOT TALKING BUT SHOWING이다. 말이 아닌 보여주는 것으로 리더십이 증명되며 팀원의 존중을 얻을 수 있다. 당신이 해보지 않고, 하지 않는 것을 팀원이 따라 하지 않는다는 것을 기억하라. 제임스 볼드윈 말에 의하면, 팀원들은 리더의 말은 귀담아듣지 않지만 행동은 꼭 따라 한다고 말했다. 리더들이 보여주는 행동으로 팀원은 배우며 움직인다. 행동으로 보여주는 리더십은 그 어떤 것보다 강력하다.

사람들에게 많은 사랑을 받았던 영화 속 인물 캡틴 아메리카를 보라. 〈어벤져스 : 엔드게임〉중 전투 장면에서 캡틴 아메리카가 제일 먼저 앞으로 치고 가는 장면을 볼 수 있다. 캡틴 아메리카가 있는 자리는 늘 '선두'다. 두려운 상황에도 불구하고 말로 지시만 하지 않고, 피하지 않고, 자신이 늘 먼저 행동으로 모범을 보인다. 이처럼 리더는 말로 하지 않고 행동으로 보여주는 사람이다.

소통하지 않는 리더

리더나 상사와 말하는 것이 벽처럼 느껴진 적이 있는가. 나는 있었다. 정말 답답한 것을 넘어 속이 터질 지경이었다. 소통이 되지 않는 리더는 실패한 리더이다. 당신도 리더와 소통으로 답답함을 느꼈던 적이 있다면 당신의 팀원과 소통하는 것에 더욱 집중해야 한다. 즉 자신의 문제를 보지 않고, 남이 말하는 것을 듣지 않고, 상대방과 소통하지 않는 눈코입이 막힌 사람이 되어서는 안 된다.

이렇게 4가지로 실패하는 리더의 대표적인 모습을 살펴봤다. 리더이거나 앞으로 리더가 될 당신은 이 4가지를 유념해야 하는 모습이다. 그럼 어떻게 하는 것이 좋은 리더(Good Leader)를 넘어 '훌륭한 리더(Great Leader)'가 되는 것일까? 무엇보다 리더도 실수하며 실패한다는 것을 인정하는 것이다. 그리고 때로는 팀원으로부터 다시 배우는 용기가 필요하다.

나 또한 팀의 퍼포먼스가 잘 나오지 않아 어려움을 느꼈던 적이 있었다. 도무지 해결되지 않아 꽉 막힌 느낌이었다. 늘 항상 잘해왔던 일이라 생각했기 때문에 무엇이 문제인지 몰랐다. 그때 팀 내에서 좋은 퍼포먼스를 내며 월등한 성과를 내는 팀원이 눈에 보였고, 나는 그에게 우리 팀에 어떤 문제가 있는지 피드백을 요청했다.

그는 이렇게 의견을 주었다. "현재 우리가 잘하고 있는 사람에게 집중해서 효율을 높이기보다, 잘 안되는 사람들의 능력치를 올리는 것에 집중하다 보니 그들을 케어하는 데 시간과 에너지는 빠지고 더 좋은 성과가 나오지 못하는 것 같습니다." 팀원의 피드백을 듣고 해결 방법을 적용하니 우리 팀의 영업 성과가 월등히 향상되었다.

의외로 문제에 대한 해결책은 리더보다 팀원이 잘 알고 있다. 그들에게 물어보는 것을 주저하지 마라. 잘하고 있는 것이 있다면 인정해 주고 묻고 또 물어봐라. 그리고 그들의 의견을 듣고 적용하라. 팀원이나 직원에게 질문하는 것이 자기 능력 부족이라고 생각하지 말자. 또 자신이 리더라고 독단하지 마라. 내가 알고 있는 것만이 정답이라는 오류로부터 벗어나는 것이 중요하다. 리더의 변화 없이는 팀의 변화가 없다는 사실을 기억해야 한다.

팀원과 소통하는 3F

3F로 팀원과 소통하는 방법도 있다. 3F는 [FEEL - FELT - FOUND]로 공감하고 소통하는 것이다.

첫 번째, FEEL 단계

팀원과 소통할 때 그들의 감정을 우선 느껴야(Feel) 한다. 어떤 기분이었는지, 어떤 감정이었는지를 먼저 느껴보는 것이다. 이 단계에서는 먼저 팀원의 말에 Smile & Agree(웃고 동의해 주는 것)를 하는 것이다. 상대방의 말에 동의하며 한발 물러나는 것이다. '맞아, 그랬겠다.' '당신의 말에 동의해' '당신의 상황에 공감해'라고 말하는 것이다. 지적과 피드백을 먼저 주거나 반박하기보다 팀원의 말을 들으며 동감해 주는 것이 중요하다. 동감으로도 팀원을 감동받게 할 수 있다.

두 번째, FELT 단계

두 번째 단계는 더욱 깊이 느끼는 것이다. '나도 그랬던 적이 있었어' 혹은 '다른 사람도 그랬던 적이 있었어'라고 말하며 한층 더 깊은 공감을 끌어내는 것이다. 이로써 상대방은 리더나 상사가 자신을 충분히 이해하고 있음을 느낄 것이다. 그러므로 더 이상 공격적이거나 방어적이지 않고 자신의 마음 문을 열게 되는 것이다.

마지막, FOUND 단계

해결책을 제시하는 단계이다. 결국 문제에는 해결책이 있어야 한다. 팀원과 어떤 문제로 인한 대화를 하고 있다면 궁극적으로 해결 방법 또한 나와야 한다. 예컨대 팀원의 문제(근태, 좋지 않은 업무 습관, 일에 있어 개선이 필요한 부분 등)가 가지고 온 문제를 해결하기 위해 앞서 Feel과 Felt를 충분히 했다면 Found 단계로 문제를 해결할 수 있다. 나아가 리더가 원하는 방향으로 설득이나 핸들링이 가능하다.

"그런데, ~했다. 이렇게 해보는 것은 어때?" "그럼에도 불구하고 이렇게 하는 것이 가능했(하)다" "그러나 이렇게 해본다면 이런 결과를 얻을 수도 있을 거야" 등의 말로 상황을 반전시키고 문제를 해결하는 방법을 제안해 보는 것이다.

혹은 어떤 것이 문제였다고 생각하는지, 어떻게 하면 궁극적으로 문제를 해결하는지 답을 주지 말고 문제에 대한 원인과 해결책을 역으로 팀원에게 물어볼 수 있다. 질문에 대한 답을 스스로 생각하면서 자신이 직접 문제에 대한 답을 구하도록 하는 것이다.

OPPORTUNITY
기적을 만드는 기회 포착의 6가지 방법

　세계적인 영향력을 끼치는 리더들은 기회를 제대로 포착하여 눈부신 결과와 때론 기적을 만들곤 한다. 하지만 그러한 일생일대의 기회는 자주 오지 않는다. 어제의 성공이 하루아침에 실패가 되는 오늘의 시대에서 우리는 어떻게 기회를 만들고 확실히 잡을 수 있을까?

　관리자로서 내가 주로 했던 일은 개인을 '리더로 성장시키는 것'이었다. 리더가 만들어지는 과정들을 쭉 지켜보고, 나 또한 좋은 리더가 되기 위해 좋은 리더의 예시가 되는 사람들을 관찰하고 그들의 리더십을 공부했다. 그러한 과정을 통해서 기적을 만드는 리더는 다음과 같은 공통점이 있다는 것을 발견했다.

확실한 비전과 목표를 세운다

사람들은 확실한 비전을 가지고 꾸준히 앞으로 나아가는 리더와 함께 하기를 원한다. 목적지가 없는 버스에는 사람들이 타기를 원치 않는 것과 같은 이치이다. 확실한 비전과 목표를 세울 뿐만 아니라 그에 따른 뚜렷한 목표 의식을 가지고 그것을 성취하고자 하는 끊임없는 노력이 사람들을 신뢰하게 만들고, 그러한 꾸준한 과정을 통해 변화를 만든다.

빌 게이츠가 성공하여 세계적인 영향력을 줄 수 있었던 이유는 소비자의 만족을 위해 끊임없이 고민하고, 소프트웨어 산업을 세계의 표준으로 만들어 나가겠다는 뚜렷한 목표 의식 때문이었다. 스티브 잡스는 자신이 설립한 회사에서 쫓겨났다. 하지만 이내 복귀하여 엄청난 혁신을 이룰 수 있던 이유도 사람들에게 애플에 대한 확실한 비전과 목표를 제시하고, 조직 구성원들이 이에 모두 동참시킬 수 있도록 만들었기 때문이다. 이처럼 리더의 기회는 확실한 비전과 목표를 세우는 것으로부터 만들어진다.

새로운 것을 추구한다

기회를 포착하는 리더는 늘 새로운 것을 추구하고 시도한다. 개

척하고자 하는 선구자(PIONEER) 정신이 있는 것이다. 남들이 해보지 않는 새로운 것에 대한 열망이 있고, 치열한 고민을 한다. 현재에 머물러 있는 것은 변화를 가져다줄 수 없다.

"JUST DO IT"이라는 타이틀로 유명한 나이키의 설립자, 필 나이트는 운동화 행상으로 시작하여 오늘의 나이키를 만들었다. 필 나이트의 성공 요인도 기존의 관행을 버리고 늘 새로운 것을 추구하는 정신 때문이다. 에이전트라는 개념이 없었던 시절 스티브 프리폰틴이라는 선수에게 처음으로 계약금을 지불하고 유니폼을 착용하게 하는 것을 시도했다. 또 유명 선수를 통한 광고에 집중하여 나이키의 스포츠 용품에 차별적인 부분을 마케팅한 것도 기존의 관행을 따르지 않는 새로운 시도였다.

나 또한 지점의 퍼포먼스를 끌어올리기 위해 사람들을 자극할 수 있는 새로운 것을 치열하게 고민했다. 계절별로 할 수 있는 이벤트나 컴페티션들을 팀의 핵심 리더들과 함께 고민하고 시도했었다. 또 기존에 교육하는 것에서 나아가 팀원들에게 자극제가 될 수 있도록 새로운 것을 계속해서 배우는 일을 소홀히 하지 않았다. 그리고 배운 것을 최대한 많이 공유했다. 리더는 배우고, 기존의 것을 버리고, 또다시 새롭게 배우는 일을 반복하는 것을 중요시해야 한다.

한계에 도전한다

　기적을 만드는 리더는 늘 자신의 한계에 도전한다. 제일 힘든 것에 도전하고, 남들이 못하는 것을 시도한다. 조직의 성과는 해당 리더의 역량과 밀접한 관계를 맺는다. 그 조직의 리더가 문제를 해결할 수 있는 역량이 뛰어난 만큼 해당 조직도 성장할 수밖에 없다. 리더의 한계는 조직의 한계와 다름없다. 스포츠팀의 성적이 좋지 않으면 새로운 감독을 찾고, 기업이 훌륭한 성과를 지속적으로 내지 못하면 새로운 경영자를 찾는 것으로 이해해 보면 어떨까. 그러므로 리더는 늘 한계에 도전할 수밖에 없다. 그리고 기적을 만드는 리더는 자신의 한계에 도전하는 것을 즐긴다. 실패하는 과정에서 성장을 경험하고 성공하는 과정에서 보람을 느끼는 것이다.

　나 또한 업계에서 지속적으로 성장하는 지점을 보면, 기존에 하던 것을 벗어나 새로운 클라이언트를 유치하고 세일즈 결과를 만들어 내는 지점이 강하고 더 좋은 결과를 내는 것을 보았다. 남들이 시도하지 않는 것을 시도하고 결과로 만들어 내는 리더와 그들의 팀원은 변화에 강할 수밖에 없다. 그리고 늘 시장에서 살아남는다.

　누군가 보지 못하는 성공의 기회는 늘 한계에 부딪히고 도전하여 결과를 얻어냈을 때 만들어진다. 기회는 한계라는 포장 속에 늘 존재한다는 것을 명심하라. 리더는 한계에 부딪히며 늘 불편해야 한다.

헌신한다

리더십의 핵심은 섬기는 것이다. 무소불위의 권력을 행사하는 사람이 아니다. 그런 시대는 지나갔다. 아무런 대가를 바라지 않고 팀원을 섬길 수 있는 사람은 많지 않다. 그래서 사람들이 따르는 좋은 리더는 많지 않다. 헌신은 섬기려는 마음이 있어야 하며 섬기는 마음은 타인을 사랑하는 마음에서부터 비롯된다. 일을 하면서 헌신하는 것이 기회를 만들어주는 것을 사례가 있다.

우리 팀에 중간급 리더가 있었다. 그는 일할 때 늘 자신의 이익보다는 함께 일하는 팀원들의 이익을 우선으로 생각하고 배려했다. 또한 퍼포먼스가 안 나오거나 어떤 문제로 어려움이 있는 팀원은 자신의 바쁜 시간을 내어 조언과 실질적인 도움 및 피드백을 주었다. 그는 팀원들이 잘될 수 있도록 도와주는 것이 곧 자신이 더 성장할 수 있는 길이라 믿었다. 그러한 결과로 팀원들이 모두 그와 함께 일하는 것을 좋아했.

직접적인 팀이 아닌 다른 팀원들조차 그와 함께 일하고 싶어 하여 팀을 옮기기도 했다. 지점이 어려운 상황에 놓여 있을 때도 그와의 신뢰로 그만두거나 의욕을 잃기보다 함께 노력하여 난관을 극복하자는 똘똘 뭉친 팀워크를 보여주었다. 그렇게 모두가 노력한 결과 해당 지점의 퍼포먼스는 높아져만 갔고, 팀을 이끈 리더는 지점장으로 승진할 수 있었다.

《왜 나는 이 사람을 따르는가》의 저자 나가마스 시게히사는 다음과 같이 말했다. "사람의 호감을 사는 사람은 당연히 사랑의 동기부여를 주로 이용한다. 즉, 사랑이 있는 사람은 사람을 끌어당긴다. 당신이 사랑의 동기부여를 이용할 수 있다면, 주변 사람들은 언제든 당신을 위해서 기꺼이 애쓸 것이다."

헌신하는 리더는 사랑으로 조직에 동기부여를 하기에 리더와 팀원의 관계가 일시적이지 않고 오래간다. 그러한 관계 속의 조직은 리더와 함께 일하는 것을 좋아하고 그러한 리더를 위해 기꺼이 자신의 열정을 쏟는다. 받은 도움에 보답하고 싶고 리더의 기대에 부응하고 싶은 것이다.

적극적으로 어필한다

기회를 잡을 줄 아는 리더는 적극적으로 어필할 줄 아는 사람이다. 기회는 가만히 있는 자에게 주어지지 않는다. 리더는 기회를 만들기 위해 보다 능동적이고 적극적인 자세를 취해야 한다.

상대에게 내가 원하는 것을 위해 나를 어필하는 것이 처음은 어색할 수 있다. 또한 어떤 큰 계약을 위해 거래처나 클라이언트를 설득하는 것이라면 더더욱 부담될 수 있다. 하지만 실수할까 봐 잘하지 못할까 봐 두려워 시도조차 하지 않는 것은 기회를 버리는 일이다.

당신이 리더라면 오히려 그러한 긴장과 부담을 즐겨보는 것이 어떨까. '실패하면 어때', '잘 못하면 어때'라고 말이다. 어떤 일에 실패해도 시도했다는 것으로 충분한 의미가 있다.

리더라면 자신과 팀의 경쟁력을 충분히 이해하고 쌓아가며 이를 브랜딩하며 어필하는 일을 소홀히 해서는 안된다. 그러한 꾸준한 작업으로 당신뿐 아니라 팀의 새로운 전환점을 가져다줄 수 있다.

함께 성장하기를 도모한다

홀로 성장하는 시대는 끝났다. 앞으로 변화를 불러오는 리더는 많은 이에게 영향을 주어 함께 성장을 도모하는 사람이다.

존 맥스웰은 《리더십 불변의 법칙》에서 다음과 같이 말했다. "진정한 리더십은 누군가에 의해서 주어지거나, 지명되거나, 위임받는 것이 아니다. 리더십은 오직 영향력에 의해서만 가능한 것이고, 영향력은 강제할 수 있는 것이 아니다."

이미 세계에서는 공동체의 좋은 영향을 주는 리더들에게 주목하고 있다. 전 세계 시가 총액 상위의 기업들인 마이크로소프트뿐 아니라, 구글 페이스북은 함께 공동체의 성장을 도모하는, 이른바 '커뮤니티 리더십'이 있는 사람에게 관심을 쏟고 있다.

어떤 사람이 커뮤니티 리더일까? 끊임없이 자신과 공동체의 성장을 위한 공부를 멈추지 않고 자신이 알고 있는 지식이나 정보 및 경험을 다양한 채널에서 사람들과 소통하며 나누는 사람이다. 자기가 알고 있는 정보나 사실을 많은 사람에게 알려주기 위해 블로그도 쓰고, 영상을 찍기도 하며, 누군가 궁금한 것에 대해 자신이 열심히 공부해서 답변하는 것을 뿌듯해하는 사람, 이를 통해 함께 성장하는 것을 추구하는 사람이 앞으로 더 많은 기회를 얻게 될 것이다.

현재 리더라면 또는 리더가 되고 싶은 사람이라면 자신이 하고 싶은 것, 잘할 수 있는 것에서부터 시작하고 쌓아 나가보자. 그리고 그러한 것들을 통해 팀원과 공유하며 소통하자. 사람들이 자발적으로 당신의 말에 귀를 기울이고 따르게 될 것이다.

WITH
확실한 자신감 충전의 5가지 방법

자신감은 리더십의 공통적인 특성으로 발견된다. 좋은 리더에게는 자기를 믿는 확실한 자신감이 있다. 그리고 그러한 자신감이 사람들을 끌어당긴다. 자기 자신에 대한 자신감도 없는데 자신을 넘어 누군가를 이끈다는 것이 불가능하지 않을까?

하지만 자신감은 태어나면서부터 생기는 것이 아니다. 자라면서 환경과 사람, 성취나 경험 등을 토대로 형성이 되는 것이다. 자신감은 타고나는 것이 아니라 직접 만들어 나가는 것이기에 자신감 없는 지금의 모습을 보며 미리 주눅들 필요 없다. 자신감이 없는 사람들도 다음의 방법들을 통해 서서히 자신감 있는 사람이 되며 나아가 리더로 성장할 수 있다.

다행스럽게도 나는 자신감이 늘 넘치는 사람이었다. 자신감 있는 사람으로 성장할 수 있었던 가장 큰 이유는 감사하게도 늘 나를 믿고 지지해 주는 가족과 주변 환경 때문이었으리라. 그런 환경에서 자라면서 실패도 해보고 성취도 경험했다. 그런 경험들이 자신감을 넘어 지금의 자존감을 만들었다. 스스로 역량이 부족하다고 느끼는 순간에도 또 여러 실패와 좌절을 맛보며 자신감을 잃었던 순간에도 사람들의 눈에 내 모습은 늘 자신감이 넘치는 당당한 사람으로 보이곤 했다. 매사에 자신감을 가지고 당당하게 살 수 있었던 이유는 무엇일까? 그 이유는 5가지 방법에 있다. 확실한 자신감 충전의 5가지 방법은 다음과 같다.

자신을 믿어라

"나 자신을 내가 믿지 못하면 그 누구도 나를 믿어주지 않는다." 리더로 성장하는 사람들에게 항상 전하는 말이다. 자기계발서에서 누구나 하는 뻔한 말이라 생각할 수 있다. 하지만 사실이다. 무엇보다 자신을 의심하지 않는 것부터 자신을 믿는 것부터 또 자신을 사랑하는 것부터 시작해야 한다. 위대한 일을 이루는 리더들은 자기 자신을 의심하지 않고 자기에 대한 강한 확신이 있는 사람이었.

아시아 최대 자산가이자 그룹 알리바바의 설립자인 마윈의 시작이 어떠했는가. 대부분 사람이 실패자로 여길 만큼 대학에 번번이 낙방하고, 심지어 KFC에서 일하는 알바 자리조차 거절당할 만큼 그를 받아주는 직장 또한 없었다. 마윈이 주변 환경이나 사람들이 생각하는 것처럼 스스로를 '실패자'로 여겼다면 오늘날의 마윈 회장은 없었을 것이다. 스스로를 믿는 것, "Be myself(나답게)" 이 뻔한 말 속에 진리가 있다. 내 안에 의심은 거둬버리고 일단 나를 믿어보기로 결심해 보자. 나에게는 무한한 가능성이 있다는 것을 인지하고 자기 입으로 되뇌어보는 것이다.

"나에게는 무한한 가능성이 있다."

"나 자신을 믿자."

"나에게는 그 어떤 일도 해낼 수 있는 엄청난 힘이 존재한다."

스스로 당당해지고 뻔뻔해지기를 두려워하지 말라.

일단 시작하는 것부터

무언가를 해내는 사람과 그렇지 못한 사람의 차이는 단 하나다. 시도했고, 시도하지 않았고의 차이다. 이것이 결정적인 차이를 만든다. 처음부터 자신감이 있어서 하는 것이 아니다. 시작해 보고 시도하면서 만들어진 결과로 나도 할 수 있다는 자신감을 얻는 것이다. 처음 도전하는 것이라면 해보지 않았기에 당연히 두렵기만 할 것이다.

시작을 하더라도 때로는 자신이 초라하게 느껴지는 순간들이 있다. 그러한 감정은 너무 자연스러운 것이다. 그러니 무언가를 실행하기 전에 '내가 할 수 있을까?' '실패하면 어쩌지?'라는 생각보다. '할 수 있다, 한번 해 보자'라고 생각을 의식적으로, 의도적으로 바꿔보자. 누구에게나 처음은 있다. 처음 하는 것이기에 잘하고 못하고의 의미를 두지 말자. 잘 못해도 괜찮다. 처음은 누구나 서툰 거니까.

언어를 바꿔라

확실한 자신감이 있는 리더들은 사용하는 언어가 다르다. 그들이 사용하는 언어는 늘 긍정적이고, 진취적이다. 자신감이 떨어져 있다면 우리의 입에서 나오는 말은 상당히 부정적이고 회의적일 것이다. 당신이 하는 부정적인 언어를 경계하고 의도적으로 멀리하라.

예를 들면, "이번 일은 실패했어. 나는 능력이 부족한 사람이야"라고 하는 대신에 "비록 이번에는 실패했지만 이번 일을 통해 많이 배웠어, 이 경험으로 다음에는 꼭 성공하게 될 거야"라고 말하는 것이다. 또 '~하면 안 될까요?' 보다는 '~하는 것이 가능할까요?'라고, '~어렵겠죠?' '힘들겠죠?'라고 하기보다 '가능하게 하는 방법이 무엇이 있을까요?' '어떻게 하면 이 부분이 가능하게 될까요?' '나는 할 수 있다. 우리는 할 수 있어요'라고 말하는 것이다.

이처럼 부정의 단어를 의도적으로 긍정의 단어로 바꾸고 말하는 순간, 자신감으로 충만하게 채워진 자신을 발견할 수 있을 것이다. 당신의 언어가 당신을 바꾼다는 사실을 명심하자.

주변 사람을 바꿔라

누군가 나에게 '너는 할 수 있어'라고 말해주는 것만으로도 당신은 대단한 것을 이룰 수 있다. 세계적인 팝스타로 알려진 마돈나는 어렸을 적 사실 재능이 있었던 것도 자존감이 높았던 사람도 아니었다. 무대에서 파격적인 퍼포먼스와 좌중을 압도하는 카리스마로 대중들을 사로잡는 스타가 될 수 있었던 것은 무용 교사 플린 선생님의 한마디 때문이었다. 그녀는 마돈나에게 이렇게 말했다. "너는 아름답고 뛰어난 재능을 가졌으며, 폭발적인 카리스마를 지니고 있어." 그 말을 들은 순간 마돈나의 잠재의식이 깨어지고 자신감이 살아난 것이다.

주변 사람의 단 한마디의 말이나 지속적인 신뢰가 그 사람의 자신감을 채우고 변화되는 사례는 비단 마돈나뿐만이 아니다. ADHD가 있었던 마이크 펠프스도 어머니의 무한한 신뢰와 할 수 있다는 지속적인 말로 오늘날 세계적인 선수를 만들 수 있었다.

자신감이 결여된 사람의 주변을 돌아보면 자신감이 떨어질 수밖에 없는 환경에 놓여 있음을 때때로 발견할 수 있다. 늘 그 일은 안 된다고 말하며, 나를 깎아내리고, 냉소적인 사람들과 의도적으로 멀리하라. 잘 찾아보면 좋은 에너지와 말로 나의 에너지를 더해 주는 사람들이 있다. 또 나를 믿고 있는 사람 한 명쯤은 반드시 있다. 나를 지지해 주고 응원해 주고 할 수 있다고 말해주는 사람들과 의도적으로 가까이 하라. 내가 할 수 있다고 말해주는 세 명의 사람만 있어도 거짓말처럼 당신은 할 수 있다는 자신감을 얻게 될 것이다.

실력을 쌓아라

아무리 앞선 4가지 방법으로 마인드 컨트롤을 하고 용기를 얻어도 무엇인가 해내지 못하고 계속해서 실패한다면 자신감은 사라지기 마련이다. 확실한 자신감은 내가 할 수 있다는 것을 믿고 증명한 것으로부터 오기 마련이다. 그리고 증명하기 위해서는 그만한 실력이 뒷받침되어야 한다. 두려움이 사라질 만큼의 단단한 실력을 쌓아야 하는 것이다.

실제로 영업 현장을 뛰면서 또 사람들을 트레이닝 하면서 자신감이 떨어진 리더들을 마주할 때가 있다. 할 수 있다고 아무리 얘기해 주고, 용기를 더해 주어도 자신감이 떨어진 팀원들이 다시 회복 하기란 쉽지 않다. 이기는 경험을 해야만, 일정 부분에서 눈에 보이는 성과를 얻어야만 그들은 할 수 있다는 자신감을 얻었다. 동기부여도 중요하지만 이미 자신감을 잃은 사람들에게 가장 특효약은 실력을 쌓을 수 있는 실질적인 도움이다.

자신감은 내가 해당 지식에 대해 충분한 지식과 경험이 있을 때 나타난다. 해당 분야에서 많은 것들을 알고 있으면 자신감 있게 이야기할 수 있는 것들이 많아질 수밖에 없는 것이다. 담당하는 해당 분야나 관심 분야에서 필요한 정보와 지식을 습득하고 충분한 연습과 실전 경험을 할 수 있는 만큼 하라. 그렇게 차곡차곡 실력을 쌓아보자. 실력이 곧 당신의 자신감을 나타낸다.

확실한 자신감을 충전하는 5가지 방법에 대해 알아보았다. 이제 당신이 해야 하는 것은 실천하는 것뿐이다. 위의 5가지 방법을 기억하여 시도해 보자. 그리고 이 5가지 방법으로 내가 이룰 수 있는 작은 성취를 한 걸음 한 걸음 이뤄가 보자. 그렇게 작은 시도와 성취를 통해 자신감을 넘어 당신의 자존감 또한 높아지게 될 것이다.

TRY & TRY AGAIN
성공을 만드는 공식 '한 번만 더'

성공을 만드는 공식을 안다면 얼마나 좋을까? 성공을 이루는 황금 공식에 대해 누군가 알려주기만 한다면 전 재산을 털어도 아깝지 않을 것 같다. 그러나 우리는 값을 지불할 필요 없이 성공을 만드는 공식에 대해 이미 알고 있다. 바로 성공할 때까지 시도하는 것, 끝까지 포기하지 않는 것이다.

정답을 알고 있음에도 계속해서 다른 방법을 찾는 이유는 그 공식이 간단하지만 이루기는 어렵기 때문이다. 왠지 그거 말고도 쉬운 다른 방법이 있을 것 같기 때문이다. 하지만 성공을 만드는 공식은 말했듯이 간단하다. 끝까지 포기하지 않고, 도전하고 시도하는 것.

나 또한 이 공식을 직접 경험해보고 나서야 이것이 사실임을 몸소 깨달을 수 있었다. 목표를 이루기 위해 도전하고 원하는 결과가 안 나와도 또다시 시도해 보았다. 원하는 결과가 만들어지고 나서는 새로운 것을 계속해서 시도해 보고 이뤄가는 과정을 반복했다. 그런 시행착오들을 경험하면서 물질적으로도 풍요로워졌으며, 나아가 내면적인 부분이 성장하고 성숙했다. 시도하지 않았으면 깨닫지 못했을 것이다. 이 공식은 나에게만 적용되는 것이 아니었다. 놀랍게도 끝까지 포기 하지 않고 도전의 도전을 반복하는 사람들은 모두 그 경험을 했다.

한창 신도림 지점에서 최강의 퍼포먼스를 내며 잘나가던 때에 강남 지점에 계시던 한 지점장님이 신도림으로 지점을 옮기셨다. 이유는 모든 것을 새롭게 빌딩 하기 위해서. 그분 또한 과거에 팀이 좋은 퍼포먼스를 내면서 정말 잘나가시는 분이었다. 하지만 문제를 일으키는 팀원들, 그리고 그러한 팀원과의 소통의 문제, 나아가 리더십 부분에서 문제가 생기며 갈등에 갈등만 더해져 갔다. 거기에 오해가 생겨 더 이상 팀원들이 그 지점장님과 일을 못 하겠다며 우르르 그만두기까지 했다. 영업 관리자에게 있어 함께하는 팀원이 없다는 것은 그 능력을 인정받지 못하는 것뿐 아니라 실적과 수익도 보장받지 못한다. 남은 팀원이라고는 2명이 고작이었다. 자신이 여태 쌓아 온 모든 것이 한순간에 무너지는 순간이었다.

사실 그런 모습으로 신도림 지점에 왔을 때 잘나가던 내가 보기에는 대단하고 존경스럽지만 또 한편으론 초라해 보이기도 했다. 당시 나라면 그 순간을 견딜 수 있었을까 하는 상상에 고개를 절레절레했던 기억이 난다. 그 순간 그 지점장님이 결정한 것은 그럼에도 다시 한번 도전해 보는 것이었다. 그러고 나서는 자신이 해야 할 일에 일관된 모습으로 집중했다. 부족한 것들은 개선하며 해야 할 일을 처음부터 다시 하나하나 꾸준히 한 결과 현재는 수십 명의 팀원들을 이끄는 지점의 리더다. 수익적으로도 그 전보다 몇 배가 넘는 페이를 받으며, 또 많은 팀원에게 존경받는 리더로서 일을 하고 계신다. 그 모습을 볼 때면 나 또한 도전을 받곤 한다. 그때 포기했더라면 절대 얻지 못했을 것이다. 포기하지 않고, 계속해서 시도하는 것이 그 지점장님을 성공으로 이끌 수 있었다.

각자의 분야에서 성공한 사람들은 아이러니하게도 가장 많은 실패를 한 사람들이다. 그들은 실패와 성공이 동전의 앞 뒷면과 같음을 알고 있으며 성공을 만드는 공식이 바로 칠전팔기(七顚八起) 정신이라는 것임을 가장 잘 이해하고 있다.

미국 역사상 최초로 4선 대통령이자 가장 존경받는 대통령으로 손꼽히는 프랭클린 D. 루스벨트는 성공의 비결에 대해 이렇게 말했다. "나는 젊었을 때 정치에 뜻을 두고, 여러 가지 고통스러운 일을 많이 겪었고, 실패도 많이 했습니다. 하지만 굴하지 않고 열심히 노력한 끝에 대통령이 되었습니다. 돌이켜보면 나는 일곱 번 넘어지면 여덟 번 다시 일어났던 것 같습니다."

17세기 이후 영국의 가장 중요한 극작가로 손꼽히는 작가이며 노벨 문학상을 받은 조지 버나드 쇼는 말했다. "나는 젊었을 때 10번 시도하면 9번 실패했다. 그래서 늘 10번씩 시도했다.

나는 100명이 넘는 리더들을 직간접적으로 트레이닝하면서 끝까지 시도하는 리더와 포기하는 리더들을 지켜보았다. 물론 포기했다고 해서 실패한 인생이라 보지는 않지만 너무나 안타까웠다. 왜냐하면 끝까지 시도한 사람들이 얻는 결과와 성장은 실로 엄청났기 때문이다. 그들이 한 것은 그냥 '한 번 더' 해 보는 것이었다. 원하는 결과가 나오지 않아도, 때로는 실패해도 거기서 포기하지 않았다. 그리고 계속해서 '한 번 더' 시도했다.

많은 실패자는 모른다. 우리가 포기하는 순간이 성공에 가장 가까운 순간임을. 성공을 위한 왕도는 없다. 포기하고 싶은 절체절명 위기의 순간이 있다면 기억하라. 그리고 그 순간 '한 번 더' 시도해 보자. 어느 순간 성공을 이룬 당신의 모습을 발견할 수 있을 것이다.

우리의 최대 영광은 한 번도 실패를 안 했다는 것이 아니고, 넘어질 때마다 일어나는 점에 있다.

-골드 스미스

HUNGRY
성장 지속의 기술

　당신은 현재의 삶에 만족하는가? 이에 대한 당신의 답이 '그렇다'이든 '그렇지 않다'이든 둘 다 괜찮다. 그리고 '그렇지 않다'라고 답변한 당신이라면 나는 그것을 더욱 긍정적으로 본다. 결핍 없이 또 부족함을 느끼는 것 없이 성장 하기란 어렵기 때문이다. 삶이 풍요롭게 느껴진다면 더 이상 무언가를 갈구 하지도 않고, 앞으로 나아가기를 원하지도 않게 된다. 지금 그대로의 삶이 만족이 되는데 무엇을 더 바라겠는가.

　특히나 20대는 많은 것들로부터 결핍을 느낄 수밖에 없는 시간이다. 자신이 원하는 것을 정확하게 알지 못하는 것, 현실과 이상에 대한 괴리, 재정적인 것, 시간적인 것, 관계적인 부분, 자신이 가진 능력, 감정적인 부분 등까지 모든 것이 참 부족하다고 느껴질 수밖에 없는 불완전한 시간이다.

하지만 나는 이 모든 것들이 지금 우리에게 필요한 결핍이라 생각한다. 그러한 결핍을 느낌으로 무엇을 채워나가야 하는지 알 수 있다. 부족한 것을 하나하나 채워나가며 비로소 우리는 성장한다. 지금 내 삶에 무언가 부족함을 느끼고, 채워지지 않는 목마름이 있다면 당신은 행복한 것이다. 앞으로 더 채워 나갈 무엇인가가 있는 것이니까. 오히려 이 모든 것들로부터 완전함을 느끼는 사람이 불행할 수 있다.

올더스 헉슬리의 책《멋진 신세계》를 보면 너무 완벽하고 완전한 것이 오히려 불행하고 인간적이지 못한 삶이라는 것을 역설적으로 보여준다.

줄거리를 보면 이 책 속에 나오는 세계에서 사람들은 알파, 베타, 감마, 델타. 엡실론의 다섯 계급으로 나뉘어져 있다. 알파가 최상위 계급이고 엡실론은 최하위층의 계급이다. 이 세계에서는 필요에 따라 '맞춤형'으로 대량 생산이 된다. 이들은 끊임없이 반복되는 수면학습과 전기 충격을 통한 세뇌로서 각자의 신분에 만족감을 가지고 행복하게 살아간다. 그들은 정해진 노동 시간을 끝내면 자극적이고 단순한 오락들로 시간을 보내며, 항상 소마(soma)라는 약을 통해 환각과 쾌락을 느낀다. 이 세계에서는 누구도 불만이 없고, 만인은 만인의 소유이며, 심지어 죽음까지도 무의미한 세계다. 이 완벽한 세계에서는 모두가 만족스럽고 행복하기만 하다.

그러던 어느 날, 신세계와 격리된 보호 구역에서 살고 있던 야만인 존이 이곳으로 초대된다. 야만인의 세계는 지금 우리가 살고 있는 세계로 봐도 무방하다. 존은 젊고 아름다운 사람들과 처음 보는 과학 문명에 감탄하지만 이내 자유를 빼앗긴 채 아무 생각 없이 순응하며 살아가는 조작된 행복에 점차 환멸을 느낀다. 결국 야만인 존은 다음과 같이 말하며 고통과 불행을 달라고 부르짖게 된다.

"하지만 난 안락함을 원하지 않습니다. 나는 신을 원하고, 시를 원하고, 참된 위험을 원하고, 자유를 원하고, 그리고 선을 원합니다. 나는 죄악을 원합니다."

"사실상 당신은 불행해질 권리를 요구하는 셈이군요." 무스타파 몬드가 말했다.

야만인이 도전적으로 말했다. "나는 불행해질 권리를 주장하겠어요."

"늙고 추악해지고 성 불능이 되는 권리와 매독과 암에 시달리는 권리와 먹을 것이 너무 없어서 고생하는 권리와 이(?)투성이가 되는 권리와 내일은 어떻게 될지 끊임없이 걱정하면서 살아갈 권리와 장티푸스를 앓을 권리와 온갖 종류의 형언할 수 없는 고통으로 괴로워할 권리는 물론이겠고요." 한참 동안 침묵이 흘렀다. "나는 그런 것들을 모두 요구합니다." 마침내 야만인이 말했다. [출처:『멋

진 신세계』, 올더스 헉슬리 저/안정효 역, 소담출판사, 2025년 6월, 362~363쪽]

  우리는 때때로 우리의 부족한 것이나 결핍을 불행하게 여길 때가 있다. 진짜 불행한 것은 결핍을 느끼는데도 채우지 않는 데 있다. 나는 완벽한 결핍이 좋다고 말하는 것이 아니다. 적당한 결핍은 우리를 성장하게 하는 근원적인 이유가 되고 우리가 성장하도록 동기부여가 된다.

  '배고픔'을 몰랐다면 지금의 나는 없었다고 단연코 말할 수 있다. 어렸을 적 아버지가 돌아가시고 집이 어려워지면서 나는 많은 부분에서 배고픔을 느꼈다. 외국어에 흥미와 재능이 있었던 나는 부모님의 도움으로 해외 유학을 가는 친구들이 늘 부러웠다. 나도 외국에서 2~3년 정도만 살 수 있었다면, 내가 재정적인 지원을 받았다면 지금보다 훨씬 더 잘할 수 있었을 텐데 하고 친구들을 부러워하기도 했다.

  또 가정이 넉넉했더라면 좋은 학원도 다니고 좋은 과외도 받으면 더 좋은 대학을 갈 수 있었을 텐데 하고 생각했던 적도 있다. 대학 시절에도 용돈을 받는 친구들은 따로 아르바이트를 하지 않는데 나도 그랬으면 힘들게 일하지 않아도 될 텐데 하며 부러워했던 적도 솔직히 있었다.

그러나 그때의 배고픔들로 지금 강한 나를 만들 수 있었다. 해외에서 유학을 하진 못했지만 주어진 환경을 극대화하려고 노력했다. 남들보다 더 일찍 미리 열심히 공부해서 장학금을 받게 되어 중국 교환학생도 비용 없이 다녀올 수 있었고, 공강과 주말을 활용해 용돈을 차곡차곡 모아 뉴질랜드 워킹홀리데이에 다녀오기도 했다.

간절함이 있었기에 그곳에 있는 동안 환경을 최대한 활용하여 영어 스피킹 실력을 늘려 돌아와서 의사소통뿐 아니라 영어로 강의를 할 수 있는 수준이 되었다. 또 그곳에서 4JOB을 뛰면서 천만 원을 모아 추후 한국에서 필요한 용돈을 마련하기도 했다. 그리고 뉴질랜드 전국을 다니며 여행 또한 할 수 있었다.

내가 부족함을 모르고 풍요로웠다면 이루고 싶은 목표가 있었을까? 그리고 그 목표를 잘 이룰 수 있었을까? 내가 좀 더 좋은 가정에서 태어나 부족함을 모르고 살았다면 집을 일으키기 위해 사업을 하고 싶다고 생각하며 세일즈 영역으로 처음부터 뛰어들 수 있었을까? 내가 풍요로워 더 좋은 대학에 다녔다면 장학금을 받으며 학교에 졸업자 대표로 연사 자리에 설 수 있었을까? 나는 그 모든 것들이 내가 'HUNGRY' 했기 때문에 가능했다고 생각한다. 부족함을 느꼈기 때문에 그 부족함을 채우며 나아갈 수 있었고, 나는 더 성장할 수 있었다. 지금은 오히려 그 부족함에 감사하다. 그리고 많은 것을 내가 얻어갈 수 있음에 행복하다.

　결국 목마른 사람이 우물을 파는 것처럼. 지금 당신이 무엇인가 부족함을 느끼고 있다면 도리어 감사해 보면 어떨까. 그리고 하나하나 채워나가 보자. 당신의 'HUNGER'을 성장 지속의 에너지로 사용하는 것이다. 역이용하라. 당신에게 아주 좋은 연료가 되어줄 것이다.

　완벽함이야말로 부족함을 느끼지 못하는 완전한 결핍이다. 부족함을 느끼지 못하는 사람보다 부족함을 느끼며 채워가는 사람이 더 행복한 사람이다.

　지금 당신은 행복한 사람인가.